Enigmas e Mitologia
em torno de

CERVANTES

SOARES MARTINEZ

Enigmas e Mitologia
em torno de

CERVANTES

– Sua personalidade e sua obra
– Seus louvores dos portugueses

ALMEDINA

ENIGMAS E MITOLOGIA EM TORNO DE CERVANTES

AUTOR
PEDRO SOARES MARTINEZ

EDITOR
EDIÇÕES ALMEDINA, SA
Avenida Fernão de Magalhães, n.º 584, 5.º Andar
3000-174 Coimbra
Tel.: 239 851 904
Fax: 239 851 901
www.almedina.net
editora@almedina.net

PRÉ-IMPRESSÃO • IMPRESSÃO • ACABAMENTO
G.C. – GRÁFICA DE COIMBRA, LDA.
Palheira – Assafarge
3001-453 Coimbra
producao@graficadecoimbra.pt

Abril, 2007

DEPÓSITO LEGAL
254097/07

Os dados e as opiniões inseridos na presente publicação
são da exclusiva responsabilidade do(s) seu(s) autor(es).

Toda a reprodução desta obra, por fotocópia ou outro qualquer processo,
sem prévia autorização escrita do Editor,
é ilícita e passível de procedimento judicial contra o infractor.

À MEMÓRIA DE MEU PAI

de quem recebi a primeira notícia
de Cervantes e que, em razão do afecto,
muito teria gostado de ler este meu escrito

ÍNDICE

1. **Os enigmas cervantínos** — 17
   a) O insuficiente conhecimento das origens — 17
   b) A presumida formação moral — 20
   c) As dúvidas quanto à formação cultural — 23
   d) A estranheza dos sucessos literários iniciais — 24
   e) A viagem a Roma — 26
   f) A vocação castrense — 28
   g) Os supostos insucessos da carreira civil — 29
   h) As sombras da vida afectiva — 32
   i) O enigma patrimonial — 37

2. **A mitologia cervantína do século XIX** — 42
   a) A deformação oitocentista da Renascença e do dito Humanismo — 42
   b) A vida de Cervantes na visão oitocentista — 44
   c) A obra de Cervantes sob a óptica oitocentista — 48
   d) A personalidade de Cervantes e os mitos do século XIX — 49
   e) O "Quixote" sob o prisma das "trevas medievais" — 50
   f) A glorificação unânime, mas deformada, de Cervantes e da sua obra — 52

3. **O itinerário castrense de Cervantes** 53
   a) O noviciado castrense de Toledo 53
   b) A possível integração na milícia papal 54
   c) A presença de Cervantes nas guarnições espanholas
      da Itália 55
   d) O comportamento de Cervantes em Lepanto 56
   e) A invalidez de Cervantes 56
   f) A participação em Navarino e em Túnes 58
   g) O socorro aos cavaleiros de S. João de Jerusalém 59
   h) A admissível participação de Cervantes
      noutras campanhas 60
   i) Os méritos militares de Cervantes 61
   j) A continuidade no sentido militar e heróico da vida 62

4. **O cativeiro de Cervantes** 64
   a) A permanente debilidade da Europa
      e a *"Respublica Christiana"* 64
   b) Os piratas argelinos e a captura de Cervantes 65
   c) As repetidas tentativas de fuga 67
   d) As cartas de recomendação e o seu efeito
      no empolamento do resgate 68
   e) As frustradas ofertas de resgate 68
   f) O tardio resgate do cativo 69
   g) O impecável comportamento de Cervantes
      no seu cativeiro 70
   h) A influência do cativeiro de Argel na vida
      e na obra de Cervantes 72
      α A recordação dos padecimentos de Argel 72
      β O respeito do Islão e dos inimigos 73

5. **Os aspectos dramáticos da vida de Cervantes** 74
   a) As tragédias e os dramas na vida de Cervantes 74
   b) Os dramas culturais de Cervantes 75

c) Os dramas sentimentais de Cervantes 77
d) Os dramas económicos de Cervantes 80
e) As opções cervantinas 80

6. **A visão cervantina das coisas portuguesas** 81
   a) A passagem de Cervantes por Lisboa,
      por Tomar e pêlos Açores 81
   b) A atracção das coisas portuguesas 82
   c) O elogio de Lisboa e da sua gente 84

7. **A vocação literária de Cervantes** 87
   a) O "leigo genial" 87
   b) A poesia e o teatro em Cervantes 88
   c) As "novelas exemplares" 89
   d) A projecção e o alargamento da obra cervantina
      no "Quixote" 90
   e) A frustração da "Galatea" 91
   f) A revisão e a síntese em "Pérsiles y Sigismunda" 92

8. **As excelências da loucura em Cervantes** 93
   a) A função social dos truões e das caricaturas 93
   b) A loucura e o bom-senso no "Licenciado Vidriera" 95
   c) A loucura quixotesca na subordinação
      aos padrões valorativos 96

9. **O sentido social da mensagem cervantina** 99
   a) A nostalgia dos tempos de propriedade comum 99
   b) Os pressupostos aristocráticos de Cervantes 101
   c) As bases democráticas da obra cervantina 103
   d) As aristocracias e as falsas aristocracias
      no "século de ouro" 106

e) As presunções de nobreza e de vileza nas aristocracias
abertas das "repúblicas cristãs"   109

10. **A fidelidade de Cervantes ao entendimento cristão da vida**   111
    a) A base cristã do "século de ouro"
    e do "mundo cervantino"   111
    b) As ameaças pagãs e materialistas do século XVI   112
    c) A influência dos Jesuítas e do contra-reformismo
    em Cervantes   113
    d) O anti-maquievalismo e o anti-iluminismo
    em Cervantes   114
    e) A subordinação à ordem moral
    em toda a obra cervantina   117

11. **A fidelidade de Cervantes aos paradigmas hispânicos**   118
    a) O heroísmo hispânico e os "cantares de gesta"   118
    b) A sátira às novelas de cavalaria enquanto alheias
    à sobriedade hispânica   119
    c) Do "Cavaleiro da Triste Figura" ao "Cavaleiro
    dos Leões" e às páginas de "Pérsiles y Sigismunda"   120
    d) O ajustamento ao complexo axiológico
    e a interpretação hispânica   121
    e) A inconsistência da ligação de Cervantes
    a uma suposta decadência espanhola   125
    α O ocaso de Carlos V   125
    β A "Armada Invencível"   126
    γ A morte de Cervantes em plena grandeza
    da Espanha   128

12. **A intemporalidade e a actualidade
    de Cervantes**   130
    a) O hispanismo e o universalismo cervantinos   130
    b) A projecção popular dos grandes doutores
       na obra de Cervantes   131
    c) A intemporalidade de Cervantes   133
    d) A actualidade do "Quixote"
       e das "Novelas Exemplares"   133
    e) O culto da liberdade em Cervantes
       e na obra cervantina   135

NOTA JUSTIFICATIVA

Poderá ser levada à conta de atrevimento esta minha incursão nos domínios da Literatura e da História de Espanha. Mas espero me seja perdoada, ao menos pela boa-vontade que inspirou o empreendimento e pela confissão de insuficiência que desde já reconheço. Tudo começou num dos simpáticos cursos de Verão de La Granda, da Universidade de Oviedo, que frequentei com muito agrado. E, naquele ano de 2005, compreensivelmente, dada a concorrência aos cursos de portugueses e dado o centenário cervantino que então se celebrava, o tema proposto respeitava a "Camões e Cervantes". Num primeiro impulso, pareceu-me preferível, por falta de conhecimentos bastantes, não preparar qualquer exposição para aquele curso. Mas o tema proposto incitou-me a reler o *"Quixote"*, as *"Novelas Exemplares"* e mais alguns escritos de **Cervantes,** tendo acabado por debruçar-me, por primeira vez, sobre os restantes e por apreciar umas quantas interpretações apreciativas do autor e da sua produção literária. Mas não me conformei com algumas dessas interpretações, afigurando-se-me que deformaram o verdadeiro sentido da mensagem cervantina. Também estranhei que, tanto em Espanha como em Portugal, raramente fosse dado o relevo merecido à extraordinária admiração que **Cervantes** dedicou a Portugal e aos portugueses. Tudo ponderado, decidi-me a apresentar, no curso de La Granda, uma comunicação acerca de **Cervantes,** da sua personalidade, da sua obra e da sua atracção admirativa, a qual talvez deva qualificar-se de hiperbólica, pelas gentes e pelas coisas portuguesas, que chega a situar ao nível celestial nas páginas do seu último romance, publicado postumamente, *"Los Trabajos de Pérsiles y Sigismunda"*. Com efeito, aí, quando a nau que transportava os heróis se acercou da barra do Tejo, o grumete de vigia, ao soltar o grito de "Terra, Terra", logo acrescentou "Ou melhor, Céu, Céu, porque estamos em frente da famosa Lisboa". Arrastando-se no tempo o meu entusiasmo cervantino, não arquivei os papéis que reunira para efeitos do curso de La Granda. Revi-os, acrescentei-os, meditei sobre eles e aproveitei-os para uma comunicação na Academia das Ciências de Lisboa, acerca dos enigmas e da mitologia em torno de **Cervantes,** depois, para uma palestra no Círculo Eça de Queiroz, e ainda para um artigo que publiquei no semanário "O Diabo" sobre *"Cervantes, grande soldado e grande pensador"*. Ora quando já me dispunha a arrumar aqueles papeis e a não alargar as minhas meditações mais de perto relacionadas com **Cervantes,** dei conta de que bem poderia utilizar ainda os referidos papeis na composição de um pequeno volume. É essa a origem da presente publicação.

Soares Martínez
Natal de 2006

1. **Os enigmas cervantinos**

a) *O insuficiente conhecimento das origens*

Muitíssimo se tem escrito acerca de Cervantes, através dos tempos. E, contudo, é manifesta a falta de elementos bastantes para ajuizar plenamente da sua vida e até da sua personalidade. A começar pelos respeitantes às origens. Não se sabe se descenderia do cavaleiro galego Nuño Alonso, que foi alcaide de Toledo no início do século XII, e se proviria da família que tomou o nome da terra onde tinha solar, em Cervatos, perto de Reinosa, na Cantábria. Ou se as provas de nobreza submetidas à Ordem de Santiago, em 1619, e junto do Real Tribunal de Navarra, em 1562, respeitariam a seus parentes próximos e com ascendência comum. Ou ainda se poderia, pelo ramo Saavedra, participar da pretensão da família de descender do Imperador Calígula, como Dom José de Saavedra, que, em 1641, foi agraciado com o título de Marquês de Rivas. Mas tudo leva a crer que Miguel de Cervantes Saavedra, tanto pelo pai como pela mãe, Dona Leonor de Cortinas, pertencesse à nobreza pobre muito numerosa nas terras nortenhas de Espanha e, talvez sobretudo, em Castela-a-Velha.

Nobreza essa que, de harmonia com as leis nobiliárquicas de Leão e de Castela, mesmo quando minguada de bens e reduzida a misteres modestos, não perdia a sua qualidade, a não ser pela realização de tarefas servis por conta de outrem, ou pelo trato mercantil. Aquela nobreza pobre abrangia mesmo trabalhadores manuais, como os mestres pedreiros e carpinteiros chamados às empreitadas de construção das catedrais, que, quando apartados das terras de origem, costumavam levar nos alforges, em mistura com as provisões de jornada, vistosas e coloridas executórias de fidalguia, em folhas de pergaminho, amarrotadas e manchadas. Assim, o pai de Miguel, Rodrigo de Cervantes, cirurgião de ofício, talvez boticário e sangrador à mistura, não sendo comerciante, não trabalhando por conta de outrem nem exercendo um mister servil, estava nas condições requeridas para conservar a sua condição de nobreza, se realmente a herdara dos seus maiores, o que é de presumir, posto que aquele cirurgião sempre afirmou a sua fidalguia, que não consta tenha sido, ao tempo, posta em dúvida. Também foi familiar do Santo Ofício, mas essa qualidade não reclamava senão limpeza de sangue, própria de cristãos-velhos, e impecável fama de bom comportamento. Ao certo, não se sabe muito acerca da ascendência de Cervantes. Quando tão frequentemente a boa vontade dos genealogistas faz remontar as suas investigações até Pelágio, ou perto disso, será para lamentar que não se tenham apurado acerca da ascendência de Cervantes mais elementos, que talvez facilitassem o entendimento de alguns passos das vias por ele percorridas.

Também se desconhece a data de nascimento de Miguel de Cervantes, quarto filho de seus pais que, depois dele, tiveram ainda mais três. E até o registo do baptizado, a 9 de Outubro de 1547, na Igreja de Santa Maria Maior, de Alcalá de Henares, tem dado lugar a dúvidas, sendo muitas as terras que pretenderam reivindicar a naturalidade de um tão celebrado autor. Alguns, com precipitação embora, fixaram o nascimento de Cervantes em 29 de Setembro de 1547, apenas pela presunção de que o nome de baptismo lhe tivesse sido dado por ter nascido no dia de São Miguel. Mas muitas outras razões, para além da data do nascimento, poderão ter determinado a escolha do onomástico. Quanto ao local do nascimento, o biógrafo Gregório Mayans y Siscar teve-o por natural de Madrid, supondo-o nascido em 1549. E César Bandariz, em obra recentíssima, também se inclina para essa data, mas julgando Cervantes natural das montanhas de Léon, embora apoiando-se tão-somente na exegese de alguns passos da obra cervantina.

O pai cirurgião, a partir de 1554, deixou Alcalá, passando a viver, ao que parece com toda a família, em Valhadolide e, depois, em Sevilha e em Madrid, onde estaria em 1566. E esses vai-vens familiares pesaram muito, como é natural, na formação de Cervantes.

b) *A presumida formação moral*

Não se dispõe de elementos documentais acerca da vida de Cervantes desde o baptizado até à idade de vinte anos. Mas diversas circunstâncias, mais ou menos apuradas, permitem inferir que tenha sido cuidada a sua formação moral. O avô paterno, Juan de Cervantes, que o neto Miguel talvez não tenha conhecido, mas que só faleceu em 1555, era licenciado em Leis por Salamanca e magistrado com jurisdição em terras andaluzas, onde, em 1546, ainda exercia a sua judicatura, familiar do Santo Ofício, rico e respeitado, ainda que algumas atitudes suas tenham dado margem a oposições e críticas. Um tio, André de Cervantes, seguira a carreira paterna, exercendo as funções de corregedor em Cabra, num ambiente de consideração e de abastança, de que, por vezes, terá usado em benefício dos parentes em dificuldades. Do pai consta ter sido menos operoso, ou menos afortunado, nos seus empreendimentos, talvez em razão de gastos excessivos para as disponibilidades, mas homem dedicado à família e de boa fama, sem o que não poderia ter-lhe sido concedida a qualidade de familiar do Santo Ofício, sempre reservada a gente piedosa e de impecável reputação. A mãe, também filha de um magistrado, deu provas de grande espírito de sacrifício e de amor pelos filhos. Uma irmã, Luísa, celebrada pelas suas virtudes, foi, por longo período, prioresa do convento das Carmelitas de Alcalá. Terá sido sempre bem acentuado o entendimento entre os irmãos, muito abalados pela morte na Flandres, na batalha das Dunas, de um deles, Rodrigo, que, anos antes, fora aprisionado, juntamente com Miguel, pelos piratas argelinos e com ele partilhara as agruras do cativeiro. Algumas sombras respeitantes à vida de parentes próximos, incluindo duas das irmãs, Madalena e Andrea, não permitirão excluir que tivesse sido cuidada a educação e a formação moral no seio daquela família.

E da honestidade de Cervantes, hoje amplamente reconhecida, se poderá concluir pelos escrúpulo usados na sua educação moral, que também constantemente parece reflectirem-se em numerosos traços da sua vida e em quase todas as páginas da sua obra. A delicadeza moral de Cervantes o levou ao extremo de escrever, no Prólogo de "Las Doce Novelas Ejemplares", que, se aqueles seus contos pudessem induzir os leitores a algum mau desejo, ou mau pensamento, preferiria cortar a mão que os escrevera. E note-se que só lhe restava essa mão, porque a outra ficara inutilizada na batalha naval de Lepanto.

As mesmas preocupações de ordem moral são patentes no "Quixote". Aí, na 2.ª Parte do célebre romance, o Licenciado Carrasco narra ao próprio Dom Quixote o que já fora publicado acerca das suas façanhas, através da 1.ª Parte da obra. E diz-lhe que em todo aquele extenso escrito não havia uma só palavra desonesta, nem um pensamento que não fôsse católico ("Quixote", 2.ª Parte, Cap. III). Mas importará sublinhar que o recato da obra cervantina não respeita apenas à forma, envolvendo igualmente, e sobretudo, o fundo. Realmente, aí, até a brutalidade dos apetites da carne é suavizada pelo sentido platónico do amor, não necessariamente de pura castidade mas sempre tocado pela nostalgia de uma beleza integral, sem máculas de maior nem traços disformes. Nos escritos de Cervantes se poderá reconhecer o reflexo de uma sólida formação moral, sem que, no entanto, como é natural e humano, tal formação o tenha poupado a muitos erros e claudicações da sua vida aventurosa.

c) *As dúvidas quanto à formação cultural*

Acompanhando a família, Miguel Cervantes, segundo a versão mais facilmente aceitável, terá vivido em Alcalá durante a primeira infância, depois sete anos em Valhadolide, aí se iniciando a sua adolescência, e, seguidamente, em Madrid, com passagem de algum tempo em Córdova e em Sevilha. E, provavelmente, a formação cultural de Cervantes foi afectada por tais deslocações. Sem daí seguir-se que delas não tenham resultado também algumas vantagens para aquela formação, estimulada pelos contactos com meios de alguma diversidade. Daquelas mesmas deslocações frequentes, e do facto de o seu nome não constar do registo dos alunos inscritos nos cursos respectivos, se infere no sentido de que Cervantes não frequentou qualquer universidade. Mas é de supor que tenha sido de bastante solidez a sua formação cultural, provavelmente iniciada no convívio com os próprios pais e com eclesiásticos da privança familiar. Também será provável que o jovem Miguel Cervantes tenha frequentado, em Sevilha, ou em Córdova, o colégio dos Jesuítas, e que dele tenha guardado ensinamentos e boas recordações. Com efeito, no "Colóquio de los Perros" contêm-se referências gratas àqueles "benditos padres y maestros". E a frequência do referido colégio parece bem ajustada a um filho e neto de familiares do Santo Ofício, embora os Jesuítas não integrassem os tribunais da Inquisição, cujos juízes, as mais das vezes, eram Dominicanos.

d) *A estranheza dos sucessos literários iniciais*

Em 1569, tinha Cervantes vinte ou vinte e um anos, já Juan López de Hoyos, consagrado literato e afamado professor da Escola Municipal de Madrid, apontado como erasmita mas não como herético, o qualificou de "seu querido discípulo". E associou-o à obra consagrada à memória da falecida Raínha Isabel de Valois. Nessa obra se incluiram um soneto, quatro redondilhas e uma elegia da autoria de Miguel Cervantes. Essa elegia foi dedicada ao Cardeal Espinosa, o Inquisidor--mór, "em nome de toda a escola". Tratava-se, naturalmente, da escola de López de Hoyos. Mas como essa escola só abrira as portas em 1567, menos de dois anos antes, não oferecerá dúvidas que a formação cultural de Cervantes não se ficou a dever integralmente, nem predominantemente, a essa escola. E havia de ser aprimorada tal formação para ter despertado carinhoso interesse a López de Hoyos.

Sempre suscitarão estranheza os iniciais sucessos literários de Cervantes, quando contava apenas vinte anos e não se sabendo onde colhera o seu fundo cultural. Aliás, os escritos de sua autoria inseridos na obra colectiva de 1569 não dão conta da genialidade mais tarde revelada, em termos exuberantes, em composições de estilo diverso. Situam-se aqueles escritos entre as produções poéticas cervantinas, que nunca alcançaram cimeira comparável à de Cervantes como contista primoroso.

e) *A viagem a Roma*

Já em 1568 os créditos de Cervantes seriam elevados, o que lhe terá valido o interesse do Cardeal Espinosa por aquele jovem, incumbido de secretariar o Legado pontifício, Giulio Acquaviva, que fora a Espanha apresentar condolências ao Rei pelos falecimentos de um filho e da mulher, Isabel de Valois. Não se excluirá que na escolha tenha pesado também o parentesco de Miguel com o Cardeal Gaspar de Cervantes y Gaete. O jovem terá bem desempenhado a tarefa que lhe fora cometida junto do prelado, pois se julga que continuou a acompanhá-lo ainda depois do regresso a Roma, de harmonia com a dedicatória de "Galatea", na qual afirma ter sido "camareiro do Cardeal Acquaviva em Roma". E, realmente, em fins do ano de 1569, Cervantes esteve em Roma.

Essa sua passagem pela cidade papal e, seguidamente, por outras terras apeninas, marcou muito a personalidade literária de Cervantes, nitidamente influenciado, em muitos dos seus escritos, pelo que viu na Itália e pelos autores italianos que lá terá lido. Já se admitiu que a deslocação a Roma tivesse sido precipitada, pelo desejo de escapar à punição severa a que fora condenado por, em duelo, e no próprio recinto dos paços reais, ter ferido com gravidade um tal António de Segura, empreiteiro de obras. E tem sido exibida documentação a tal respeito. Contudo, parece plausível que todo o caso assente tão-somente em puras coincidências de nomes e confusões de identificação. Porquanto, tendo a agressão referida suscitado publicidade e escândalo, naturalmente agravado pela fuga do agressor, ela teria vedado a Cervantes o acesso à privança do Cardeal Legado; e mesmo a outras situações que viria a ocupar seguidamente. Também seria estranho que os inimigos de Cervantes – e tantos teve – ao tentarem denegri-lo, não recordassem o facto de ter evitado, pela fuga, o cumpriento de uma pena severa mas julgada justa e proporcionada ao crime praticado.

Findas as funções junto do Cardeal, não terá querido Cervantes deixar a Itália, julgando-se até, com míngua de certezas embora, que, de harmonia com uma vocação castrense já talvez antes manifestada, tenha chegado a tomar o serviço da milícia papal, ao tempo sob o comando do general pontifício Marco António Colonna. Mas, se assim foi, não se alongou muito tal militância, pois, pouco depois, Cervantes se integrou nas forças militares espanholas com guarnição em praças italianas.

f) *A vocação castrense*

Conservando-se na Itália, em 1570, aquele jovem de vinte e dois anos de idade, com perspectivas abertas na literatura, na administração, talvez na diplomacia papal, frequentemente ligada aos séquitos dos cardeais, mostrou a sua preferência pela carreira das armas, mesmo em baixa, ou rasa, graduação inicial. Essa sua opção está de harmonia com os juízos repetidos, posteriormente, em diversos escritos cervantinos, nos quais, reconhecendo-se embora a via meritória e honrosa das artes, das letras, sempre se concede primazia às armas.

Já antes, em 1565, quando contava dezassete, ou dezoito, anos de idade, será admissível que Cervantes tenha assentado praça numa escola, ou academia, militar, sediada em Toledo e no seu Alcácer, não se sabendo como terminou essa primeira vinculação militar, se é que teve lugar. Embora hesitante, em face dos apelos de outra natureza, Miguel Cervantes não saberia resistir aos atractivos de aventura e de glória. Era o tempo em que os terços castelhanos cobriam boa parte da Europa, tentanto defendê-la da expansão otomana e dos próprios dissídios internos. A milícia, mesmo a níveis modestos, exaltava os fumos de nobreza e avivava brazões esmaecidos. Quebrando possíveis hesitações, Cervantes alistou-se na companhia de Diego de Urbina, que fazia parte do terço de Miguel de Moncada. E, ainda integrado nessa unidade, ou já noutra, teve o seu baptismo de fogo na célebre batalha naval de Lepanto, travada a 7 de Outubro de 1571.

g) *Os supostos insucessos da carreira civil*

A carreira civil, administrativa, admissivelmente diplomática e política, de Cervantes, ter-se-á iniciado em 1568, quando secretariou o prelado Giulio Acquaviva, legado pontifício, que acompanhou a Roma. Mas logo foi interrompida em 1570. E só terá sido retomada em 1581, mas então já ao serviço da Coroa espanhola. Quando, em Tomar ou em Lisboa, Filipe II lhe confiou uma missão junto do governador de Orão, provavelmente relacionada, aliás, com o plano militar gizado por Cervantes para um assalto a Argel, ao tempo em que lá se achava cativo. Posteriormente, as qualidades de Cervantes só terão sido aproveitadas pelo serviço público em ofícios de índole administrativa, de provisão das armadas, de comissariado das galés e de arrecadação de receitas da Fazenda. A invalidez, tendo-se-lhe sobreposto o longo período de cativeiro, já não aconselharia que lhe fôssem cometidos empreendimentos guerreiros. Contudo, a requisição de víveres para abastecimento das naus e a cobrança dos réditos da Coroa, através das terras da Andaluzia e da Mancha, no exercício de funções de autoridade, com aguazis e outros agentes policiais às ordens, não seriam, em princípio, desajustadas para quem se afizera ao uso das armas e às incomodidades das campanhas militares. Mas Cervantes não terá sido particularmente feliz no cumprimento de tais missões. Nem havia de sentir-se realizado através delas. Os dissabores vieram-lhe, sobretudo, da falta de rigor na apresentação das suas contas. Não por quebras de honestidade, mas por naturais falhas de diligência e alguma incúria em relação às exigências de ordem burocrática e financeira. Contudo, em 1590, ainda Cervantes, aliás em seguimento de diligências muito anteriores, empreendidas logo após o seu regresso de Orão, se julgou habilitado para o exercício de funções de nível relativamente elevado, que pretendeu desempenhar nas Américas[1]. Nesse sentido

---

[1] Já em 1582, logo depois da sua viagem a Portugal, Cer-

solicitou ao Rei a nomeação, em necessária alternativa, para postos que teriam vagado. Entre os quais os de governador de Soconuco, na Guatemala, e de corregedor em La Paz. Mas goraram-se as pretensões em face do parecer do Conselho das Índias, segundo o qual seria preferível colocar o peticionário num posto mais próximo. O teor de tal parecer, sendo relator dele Nuñez Marqueño, foi o seguinte:"Procure por cá em que se lhe faça mercê". Semelhante parecer reflectirá, possivelmente, juízos menos favoráveis resultantes de missões anteriores confiadas a Cervantes, que não aconselhariam, sobretudo, a nomeação para lugares de alguma responsabilidade no Ultramar longínquo, onde seria mais difícil fiscalizar a acção dos agentes públicos. E, porque não se achassem vagos postos mais próximos, ou porque Cervantes tivesse perdido a posição favorável que, anos atrás, teria alcançado, a nível da governança, pois já tinham falecido os seus protectores, Dom João de

vantes terá formulado a pretensão de ser nomeado para o exercício de funções no Ultramar, conforme carta dirigida ao secretário do Rei, membro do Conselho das Índias, António de Eraso, datada de 17 de Fevereiro daquele ano. É de presumir que tal pretensão não tenha tido seguimento.

Áustria e o Duque de Sessa, continuou sem emprego e, segundo ideia generalizada, em apertada carência de bens. Mas, em 1594, quatro anos após a sua petição, já foi concedida a Cervantes a nomeação de comissário para a cobrança das rendas da Coroa no Reino de Granada. Também aí a falta de vocação para contas de "deve e haver" lhe valeu novas dificuldades e dissabores.

h) *As sombras da vida afectiva*

Tudo quanto se sabe acerca da vida de Cervantes revela nele um homem de vocação aventureira, sem excluir os enredos amorosos, que nem o cativeiro de Argel terá interrompido. Mas pouco se consegue apurar sobre esses mesmos enredos, como bem se compreende, em razão da própria natureza deles. E, não se podendo atribuir consistência à hipótese dos amores havidos, em Nápoles, com uma tal "Silena", pouco se sabendo de Jerónima de Alarcón, sevilhana e analfabeta, a quem o escritor prestou fiança num contrato de arrendamento, quebrada também a lenda da ligação a uma dama portuguesa dos Açores, de quem teria havido a filha bastarda, por força do testamento dessa mesma única filha, que identificou sua mãe como tendo sido Ana de Rojas, que, noutros documentos, é designada por Ana de Villafranca, ou Ana Franca de Rojas, apenas esta e a mulher com quem casou, se situam, com alguns pontos de referência, no itinerário amoroso conhecido de Cervantes. Tinha ele já trinta e oito anos quando casou, em 12 de Dezembro de 1584, com Dona Catarina de Palacios Salazar e Vozmediano, natural de Esquívias, da jurisdição de Illescas, perto de Toledo, onde o escritor a conheceu porque ali se deslocara em visita a Joana Gaitàn, viuva do seu amigo e companheiro de letras Pedro Lainz. Dona Catarina tinha vinte anos e seria abastada de fortuna, ao nível da terra onde nascera e onde vivia, com o pai, que faleceu pouco antes do casamento da filha, a mãe e dois irmãos mais novos, que viriam a seguir a vida eclesiástica. Pertencia à pequena nobreza. Os Palacios, vindos da Vizcaia, e os Salazar, de Burgos, muitas vezes provaram a sua nobreza para ingresso em ordens monástico-militares e para registo na Real Chancelaria de Valhadolide; a família Vozmediano, pouco alargada, circunscrita a Castela-a-Velha, era, no século XVI, bem conhecida, não havendo, porém, notícia dela posteriormente.

Do matrimónio de Cervantes se tem dito, quase sempre, que foi infeliz. Mas poderá haver exagero no qualificativo. Dona Catarina era senhora de província muito prendada. E apaixonou-se por Miguel Cervantes, só assim se explicando que com ele tenha casado, na sua igreja paroquial de Esquívias, contrariando a vontade dos pais, ou apenas da mãe, por já ter falecido o pai, e ainda de mais parentes e vizinhos. A vida aventurosa e citadina de Cervantes não seria recomendável para aquela gente. Nem para a noiva. Mas esta, na sua inexperiência, e conforme é corrente em tais casos, terá julgado que saberia prender Miguel Cervantes e reduzi-lo aos seus usos e preferências. Também, conforme geralmente acontece, não foi assim. O marido regressou à sua vida aventurosa e Dona Catarina, naturalmente desiludida, continuou em Esquívias, agarrada às suas cinco vinhas, ao seu pomar, aos seus cortiços de abelhas, aos seus animais de capoeira e aos seus hábitos. E reconciliada com a família. Mas, não obstante as ausências prolongadas, nem se romperam os vínculos matrimoniais nem se terá quebrado o afecto mútuo. Tanto assim que Dona Catarina prestou a fiança legalmente exigida para que o marido exercesse o cargo de recebedor das rendas da Coroa no Reino de Granada. Alguns têm levado à conta de desamor o facto de Dona Catarina, pelo seu testamento de 1610, ter reservado a raiz dos seus bens para o irmão presbítero, deixando ao marido apenas o usufruto de alguns deles. Era bem compreensível tal atitude, dada a origem familiar dos bens e, para mais, justificando-se os receios quanto ao acerto do marido pelo que respeitava a interesses patrimoniais. De resto, as probabilidades levariam a prever que Dona Catarina sobrevivesse ao marido, conforme veio a acontecer. E também foi lançado à conta do desamor da consorte que, pelo dito testamento, tivesse manifestado o desejo de ser sepultada no jazigo familiar da igreja de Esquívias. Contudo, dez anos após a morte do marido, Dona Catarina, em novo testamento, pediu para ser enterrada no convento das Trinitárias, em Madrid, onde se achavam os restos mortais de Cervantes. Aliás, após os anos de ausência, ao tempo das peregrinações do marido pela Andaluzia, pela Mancha e pela Corte, em demanda de empregos e de sucessos literários, em Valhadolide como, por fim, em Madrid, Dona Catarina viveu com ele, na companhia também da filha bastarda, Isabel, de duas irmãs e de uma sobrinha do marido. Resignara-se a instalar-se longe de Esquívias. E também

Cervantes, cansado do bulício citadino e da própria vida, acabou por habituar-se a passar temporadas na terra da mulher. Lá terá deparado mesmo com personalidades e situações que se reflectiram nalgumas das suas obras.

Relativamente à filha, Isabel, havida de Ana de Rojas, que durante muito tempo viveu com uma tia, irmã do pai, até que Dona Catarina recebeu a enteada e a terá tratado como se sua filha fôsse, parece que Cervantes, pelo menos depois da morte da mãe, lhe deu mostras de bastante carinho. E, tendo ela enviuvado de Dom Diego Sanz del Águila, homem rico que lhe deixou farto património, a ela e à filha, também de nome Isabel, tratou Cervantes de casá-la, em segundas núpcias, com o escrivão Luís Molina. E dotou-a generosamente, com dois mil ducados, ao que parece contando já com os rendimentos livrescos do "Quixote", que, afinal, não terão chegado para tanto, posto que aquela importância só viria a ser paga por um fiador do referido dote. É este mais um exemplo das precipitações usadas por Cervantes em coisas de dinheiros.

Talvez os últimos anos de vida de Cervantes tivessem sido venturosos e tranquilos se a morte prematura da neta, os desentendimentos com a filha e as próprias maleitas físicas o não afligissem.

i) *O enigma patrimonial*

Quase sem discrepâncias se tem afirmado que Cervantes nasceu, viveu e morreu pobre, tendo atravessado mesmo períodos de dificuldades económicas extremas. E costuma levar-se o caso à conta de ingratidão, tendo em vista os serviços por ele prestados à Coroa, à comunidade, mesmo abstraindo dos talentos literários. Mas talvez tenham pecado por exagero os juízos a tal respeito alinhados.

A família não seria rica, embora o avô paterno e o tio André, ambos magistrados judiciais, tivessem fama de muito abastados; mas situava-se a um nível de decente mediania, reflectido na educação dos filhos, nos patrimónios, embora modestos, que couberam a duas irmãs de Cervantes por herança, e nas jóias, de algum valor, por elas possuídas, sem já referir os patrimónios que a ambas couberam por rompimentos das promessas matrimoniais prestadas por noivos de altos coturnos de nobreza e de posses, cujo estatuto social também fará crer que não era muito humilde a condição da família de Miguel Cervantes. A mãe, Leonor de Cortinas, tinha propriedades relativamente valiosas em Arganda, que terão vindo a ser vendidas pelo marido. Ao tempo do cativeiro de Argel, sendo os resgates pedidos de grande montante, com sacrifícios embora, que arrastaram bens pertencentes às irmãs Andrea e Madalena, a família reuniu as somas necessárias para libertação dos dois irmãos, Rodrigo e Miguel, ambos cativos. Porquanto os Trinitários apenas angariaram a parte restante, que era a menor. Na sua vida aventurosa, com excepção, naturalmente, dos cinco anos de cativeiro, Cervantes viveu quase sempre com alguma largueza, ou relativo desafogo. Na Itália, quando militar, em Portugal como em Espanha. E até, de quando em vez, usando de prodigalidades de grande senhor, inábil para a contagem de moedas miudas. Dessa largueza lhe terão ficado mesmo alguns hábitos de dissipação, que já viriam do avô paterno e do próprio pai, hábitos esses cujo conhecimento facilita o entendimento de alguns passos da sua vida. Nas deslocações, por terras várias, costumava instalar-se em hospedarias e estalagens geralmente frequentadas por gente de mais largos haveres, incluindo vice-reis e outros notáveis. Sabia-se que comprava livros muito caros. É natural que vivesse acima dos seus meios e possibilidades. Também nunca terá sido um cauteloso administrador. E, por isso, foi, possivelmente, mal escolhido para as funções, que repetidamente lhe cometeram, de provisor das armadas e de recebedor das rendas reais. É certo que, naquele mesmo "século de ouro", como noutras épocas, a Coroa nem sempre era pontual no pagamento das soldadas aos seus servidores. Mas os funcionários prudentes, bem cientes de que assim acontecia, tratavam de fazer provisões de fundos, o que nunca terá ocorrido a Cervantes. E, em consequência, as contas eram por ele prestadas tardiamente e com falhas. Estas situações lhe valeram dissabores vários, sem excluir detenções preventivas, previstas para tais casos de atraso na arrecadação de réditos públicos, pelas normas de Direito ao tempo aplicáveis. Como cúmulo de imprudência, depositou Cervantes, junto de um improvisado banqueiro, Simão Freire de Lima, somas que recebera em nome e representação da Coroa. E, tendo o banqueiro, entretanto, caído em falência e tomado a fuga, coube a Cervantes o difícil e doloroso encargo de fazer prova da sua inocência e da sua honestidade, que, finalmente, não terão deixado margem a dúvidas. Tanto assim que comissões da mesma natureza lhe foram seguidamente confiadas. Aliás, conhecem-se documentos que atestam o bom comportamento de Cervantes em todos os cargos que desempenhou por ordem e em representação da Coroa. A experiência ganha nas tarefas de adquirir víveres para as frotas e de cobrar receitas régias, através das terras da Andaluzia e da Mancha, alguns benefícios lhe acarretou. Além dos salários auferidos pelas funções, embora, às vezes, pagos com acentuadas quebras de pontualidade. Os contactos por tal via estabelecidos completaram a sua visão da "comédia humana", já apreendida na Itália e em Argel. O "mundo cervantino" resultou de tais contactos, nas jornadas da Andaluzia e da Mancha. Também a experiência adquirida forneceu a Cervantes conhecimentos que lhe permitiram incursões a nível dos negócios privados. Assim, embora para tanto, naturalmente, lhe faltasse a vocação, mas pela vontade, persistente e compreensível, de melhorar o seu nível económico e o dos seus, Cervantes envolveu-se em compras e vendas de bastante vulto, por conta própria, conforme consta de documentos dos Arquivos de Sevilha e de Simancas. Ainda nos últimos anos de vida, já em Madrid, se ocupava de negócios privados de elevada valia. Também se sabe que, em 1604, Cervantes vendeu quintas em Toledo, embora se desconheça quando e como as adquiriu.

Alguma perplexidade há-de suscitar uma declaração de Cervantes, de 1608, segundo a qual avultados bens atribuídos à filha, que nesse mesmo ano enviuvara de Diego Sanz, lhe pertenciam a ele, Miguel de Cervantes Saavedra, posto que à filha caberia apenas o usufruto respectivo. Excluída a hipótese de se tratar de uma simulação, destinada a defraudar o Fisco, ou credores, ou outros ainda, dessa declaração se conclui que Cervantes dispunha, afinal, de um património relativamente avultado, incluindo um prédio no centro de Madrid, em Red San Luís, que, depois, em 1610, doou à sobrinha Constança. Mas não parece razoável aventar-se a hipótese de participação num negócio fictício, e menos ainda na fase de glorificação originada no sucesso do "Quixote" e quando o seu autor esperava ainda lhe fôssem confiadas missões públicas de relevo. Admitir-se-á, isso sim, na base da citada declaração, que o escritor fôsse realmente proprietário de avultados bens, sem deixar por isso de atravessar dificuldades económicas no seu passadio corrente. Por não dispor dos rendimentos respectivos, posto que à filha caberia o usufruto e, portanto, o direito a tais rendimentos; e por não querer desfazer-se da propriedade de raiz, naturalmente pelo intuito de transmiti-la aos herdeiros.

Já houve quem tentasse explicar os muitos apertos económicos de Cervantes atribuindo-lhe o vício do jogo. Terá havido em Valhadolide, ao tempo em que ele lá viveu, um frequentador habitual de tavolagens conhecido pelo mesmo nome. Será pouco para daí extrair quaisquer conclusões seguras, pois bem poderia tratar-se de algum parente, ou nem isso, posto que o apelido imortalizado pela obra do escritor, actualmente menos comum, se achava bastante estendido naquela época. Mas sabe-se também que a livraria dos Robles, pai e filho, editores de Cervantes, por ele muito frequentada, atraía jogadores inveterados, que lá se reuniam na fidelidade ao seu vício e ao seu uso, a par dos amantes de leituras. Mesmo sem preocupação de alinhar provas, não faltarão os indícios de que a atracção do jogo tenha pesado nas dificuldades económicas experimentadas por Cervantes.

2. A mitologia cervantina do século XIX

a) A deformação oitocentista da Renascença e do dito Humanismo

A visão oitocentista das "trevas medievais" e do "obscurantismo" contra-reformista e jesuítico criou, em torno dela, uma mitologia deformante da

Renascença e do dito Humanismo. O movimento cultural dos séculos XV e XVI é visto como uma ruptura em relação às fantasiosas "trevas medievais", que não teriam sabido receber toda a beleza e toda a riqueza de espírito da Antiguidade Clássica. Alinharam-se a propósito múltiplas falsidades e ignorâncias. Mas bastará recordar a marcada e decisiva influência de Aristóteles no "Trivium" e no "Quadrivium" para remover, liminarmente, qualquer ideia de uma rejeição da cultura greco-romana por parte da Idade-Média. Pelo contrário, o Cristianismo medievo permitiu que essa cultura sobrevivesse às invasões dos Bárbaros. Na Filosofia, nas Artes, nas Ciências, na Legislação, mantiveram-se, às vezes quase intactos, os modelos clássicos. Mas "le stupide XIXème. siècle" de Léon Daudet raramente escutou razões alheias à sua sem-razão. E foi preciso chegar ao século XX para se esboçarem algumas tentativas frontais orientadas no sentido de substituir o mito das "trevas medievais" pelo apuramento histórico da "grande luminosidade da Idade-Média". Afinal, a Idade-Média, com o seu ideal do amor cortês e do culto da mulher, assegurara a ligação da cultura greco-romana à suavidade evangélica do espírito cristão. E a Renascença acrescentara apenas a essa ligação, a essa aliança, alguns laivos mais, extraídos do Islamismo ou trazidos do longínquo Oriente. Sem quaisquer propósitos de cisão demolidora em relação ao passado, incluindo o passado próximo, que era o medievo. Nem semelhantes propósitos poderiam alguma vez ser concebidos por renascentistas como Petrarca, ou Camões, ou Cervantes, que foi, a nível popular e pragmático, o genial intérprete da referida aliança, da dita ligação, que vem dos tempos medievos mas que oferece uma continuidade indefinida, prolongando-se até à actualidade.

b) *A vida de Cervantes na visão oitocentista*

Herdeiro do Iluminismo setecentista, muito embora tendo-o deformado também, o século XIX, na fidelidade aos mitos das "trevas medievais" e do "obscurantismo contra-reformista e jesuítico", não podia entender a vida de Cervantes, que é, precisamente, um homem da Contra-Reforma e da doutrinação jesuítica, dominante no seu tempo e na sua nação. Como não podia entender o ambiente próprio da pequena nobreza castelhana, em que ele nasceu, nem a abertura social regrada, paulatina, das "repúblicas cristãs". E como o século XIX se caracteriza, ao invés, pelas ascensões meteóricas, a começar com os sargentos de Napoleão e continuadas, depois, com gente desprovida da coragem daqueles mas pletórica de manhas e de dissimulações, foi grata aos preopinantes de então a ideia de que os homens geniais eram sempre, fatalmente, de origem obscura, tendo vencido todos os obstáculos sociais que se lhes opunham apenas pela força das suas qualidades pessoais, naturalmente destinadas, pela iniquidade da estrutura das sociedades, a não serem descobertas nem apreciadas. Em tal ambiente, que a análise histórica contraria, foram muitos os que fingiram de origem humilde, não a tendo, para beneficiarem de apoios e facilidades. E os biógrafos, a fim de enaltecerem os seus biografados, trataram, sempre que possivel, salvos os casos de pertença a famílias de incontestável grandeza, de descobrir-lhes, ou inventar-lhes, origens humildes e paupérrimas, o que quase sempre resulta fácil, tendo em vista a circunstância de a cada pessoa caberem dezasseis trisavós, dificilmente se situando todos ao mesmo nível hierárquico. Assim se procurou adensar a pobreza e a origem humilde da família de Cervantes. E, na mesma senda, ou por via paralela, até se agitou a hipótese de que o célebre escritor fôsse cristão-novo, apenas porque o pai exercia o ofício de cirurgião, mister em que se achavam bastantes convertidos; e pouco mais. Para tanto se omitiram, pura e simplesmente, provas documentais que inutilizam, liminarmente, a hipótese judaizante. Com efeito, o avô paterno, Juan de Cervantes, não apenas foi familiar do Santo Ofício como exerceu as funções de administrador dos bens dos penitenciados pelos tribunais da Inquisição. O pai, Rodrigo, também foi familiar do Santo Ofício. Ora a hipótese judaizante não poderia razoavelmente ser posta em relação a um filho e neto de familiares do Santo Ofício. Mas ainda, porque isso terá sido pedido pelo Cardeal Acquaviva, para o ter ao seu serviço, em nome de Miguel de Cervantes foi expedido, a 22 de Dezembro de 1569, um certificado de limpeza de sangue. Em face de tais provas documentais, não faz sentido suscitar a questão de saber se algum sangue judeu lhe não adviria de um bisavô médico, Juan Díaz de Torreblanca, ou de qualquer outro. Aliás, não se pretenderá sustentar a infalibilidade dos certificados de limpeza de sangue. Apenas que não será admissível opor-lhes meras suposições.

Cervantes aparece, na visão oitocentista mais corrente, laureado pela genialidade que não poderia ser-lhe negada, mas como um rebelde inconformista, avesso às instituições tradicionais. Ao arremedo de muitos escritores oitocentistas, como, por exemplo, Valle-Inclán, boémio e agressivo, cujos heróis, depois de incitarem os camponeses a envenenarem a água que havia de ser bebida pelos amos, num assomo de orgulho de casta, observavam que só nos senhores haveria coragem bastante para libertarem os humildes da sua servidão ("Tirano Banderas", 1926). A verdade, porém, é outra. Não há em Cervantes assomos de orgulho desmedido nem vislumbres de sentimentos de revolta. O inconformismo e o criticismo cervantinos situam-se no plano da sua época e da sua nação, visando, predominantemente, aspectos estranhos à estruturação cristã das sociedades, provenientes de influências várias, nem sempre alheias à origem germano-flamenga de diversos personagens da Corte. O inconformismo cervantino quase se confina a uma reacção contra os prenúncios do absolutismo do poder, que havia de gerar-se nas guerras de religião, e pelo confronto com as estruturas luteranas e anglicanas, que desligaram os reis das vinculações superiores sempre inseparáveis da condição própria dos príncipes cristãos.

c) *A obra de Cervantes sob a óptica oitocentista*

Distorções semelhantes, e sempre de iguais raízes, atingiram a interpretação oitocentista de toda a obra cervantina. Interpretação essa que Elías de Tejada qualificou de "carbonária". De harmonia com tal pendor, Baldomero Villegas não hesitou em sustentar que os moínhos de vento do "Quixote" teriam o significado de uma sociedade intransigente e fanatizada, movida automaticamente, implacavelmente, para o esmagamento de quem se lhe pusesse de permeio. E a pobre Maritornes, envilecida nos seus devaneios amorosos mas sempre temente a Deus, apegada às contas do seu rosário, representaria a Igreja prostituída do século XVI.

Também para Américo Castro, ainda na fidelidade aos pressupostos oitocentistas, apenas por hipocrisia Cervantes se teria cingido aos sendeiros estreitos do Catolicismo. Por temor da máquina inquisitorial.

O criticismo característico do século XIX viu no "Quixote" uma sátira visando reformas radicais da Igreja e do Estado, o que não poderia ser imaginado pelo autor, nem pela gente do seu tempo e da sua nação. E também não sobrevive a uma cuidada análise contemporânea. Nas novelas de cavalaria encontrou Cervantes o pretexto para criticar, em termos incisivos, mas leves, a sociedade da época. Sem propósitos demolidores. Tratava-se, antes pelo contrário, de salvaguardar aquela sociedade, nas suas raízes e na sua estrutura fundamental, contra factores que lhe eram estranhos e que poderiam conduzir à sua dissolução.

d) *A personalidade de Cervantes e os mitos do século XIX*

É compreensível que as ideias feitas do século XIX não tenham permitido o entendimento da inteira ortodoxia de Cervantes. Nem a sua aliás complexa personalidade. Nem a sua inteireza, a sua honestidade, que, através das contingências da vida, sem o pouparem a tentações, nunca lhe permitiram a negação dos pecados. Cervantes aceitaria múltiplos sacrifícios, em subordinação aos seus ideais e ao que tinha por missão a cumprir; mas nem por isso deixaria de ambicionar comodidades e benefícios, até por julgar merecê-los. Dir-se-á que sabia que coisa era honra e quando deveria a honra preceder o proveito, em conformidade com a fórmula usada, no século XV, pelos procuradores em Cortes, reunidas em Évora, quando definiram junto do Rei os requisitos indispensáveis para que alguém lá tomasse assento (Ver Henrique da Gama Barros, *História da Administração Pública em Portugal nos Séculos XII a* XV, I, Lisboa, 1885, p. 519). Proveitos todos haviam de querer, de harmonia com a sua condição humana, mas importaria que soubessem sacrificá-los, sempre que a honra o exigisse. Assim o terá entendido também o autor do "Quixote". Plenamente na linha de continuidade das concepções características das "repúblicas cristãs". Mas os iconoclastas oitocentistas é que não podiam entendê-lo. Por isso, ora lhe apontaram contradições ora tentaram traduzi-lo no calão do seu tempo. Às vezes, levaram à conta de ironias maliciosas juízos perfeitamente ajustados ao pensamento cervantino.

e) *O "Quixote" sob o prisma das "trevas medievais"*

Sob o prisma jacobino, como sob o do "materialismo histórico", Dom Quixote, na sua insanidade, é apenas mais uma vítima das "trevas medievais", artificialmente prolongadas, já fora do tempo, pela Contra-Reforma e pela acção da Companhia de

Jesus. Tal óptica não permitiu captar a necessária separação da crítica às novelas de cavalaria, aos seus exageros, às suas falsidades, do fundo cristão e heroico dessas mesmas novelas, que Cervantes não apenas respeitou como perfilhou integralmente.

Difícil de interpretar correctamente noutros meios, Cervantes também despertou perplexidades e incompreensões à sociedade espanhola tocada pelo iluminismo de Carlos III e dos estrangeiros que o monarca, ido do seu reino de Nápoles, levou para Madrid, aos quais o povo miudo sempre procurou resistir. Donde, como exemplo, o célebre "motim de Esquilache", provocado pelo propósito do ministro italiano desse nome de proibir que os espanhois usassem as suas capas compridas e os seus chapeus redondos, destinados a ser substituídos pelos de três bicos. Depois, com a Guerra Peninsular, colocados os espanhois mais ou menos notáveis na alternativa do ateismo revolucionário francês e da Maçonaria britânica, mais confundidos ainda ficaram os espíritos. E a interpretação do "Quixote" ressentiu-se disso.

f) *A glorificação unânime, mas deformada, de Cervantes e da sua obra*

Não foi possível ao século XIX, como já não o fora aos séculos anteriores, negar a popularidade e a genialidade de Cervantes. E, por isso, o glorificou. Sem discrepâncias de maior. Mas, intransigentes quanto à sua própria mitologia, à qual se ligaram fortes redes de interesses criados, os preopinantes oitocentistas puseram um preço à glorificação da obra cervantina. Quiseram moldá-la à sua semelhança, à rebeldia contra todas as tiranias e até à falsidade de uma permanência histórica das lutas de classes. Enfim, Cervantes acabou por ser envolto nas vestes de um livre pensador iconoclasta. Porque aqueles preopinantes oitocentistas não compreenderam, ou preferiram ignorar, a base democrática do "século de ouro" cervantino. Talvez por não ser aquela democracia a que interessava aos seus extremos de orgulho, de impaciência e de voracidade. Nem compreenderam a liberdade de crítica, sem ofensa dos valores fundamentais, de consciência e de sobrevivência, que é bem característica daquela época, e da qual Cervantes soube usar magistralmente. Não podiam entender nada disso aqueles que foram arrastados pela elegância formal, pela superficialidade e pelo amoralismo de Voltaire. Nem os que se julgaram marxistas apenas pela leitura do "Manifesto Comunista", desconhecendo não apenas os ilogismos mas também a beleza e o acerto que perpassam por algumas páginas de Karl Marx, afinal um herético de raiz cristã, não obstante o seu ateismo.

3. **O itinerário castrense de Cervantes**

a) *O noviciado castrense de Toledo*

Não teria Cervantes tradições militares próximas na família. Nem para a carreira militar o encaminharia o ambiente próprio das ocupações paternas. Contudo, o clima que se vivia então em Espanha lhe terá despertado a vocação castrense, a ele e ao irmão Rodrigo, que viria a falecer na batalha das Dunas, em 1600. Era o jovem Miguel saudável, bem constituído, magro, ossudo de feição, de altura razoável e de porte elegante. Tinha condições de, pelas armas, satisfazer a sua legítima ambição. Tanto mais que, de harmonia com a fala de Dom Quixote, os homens notabilizam-se pelas artes ou pelas armas, mas estas haviam de ter a primazia ("Quixote", 1.ª Parte, Cap. XXXVII). Assim o terá entendido já aquele jovem nos alvores da sua juventude. E, tendo em conta os usos do tempo, nem terá iniciado muito cedo a sua carreira castrense. Mas há indícios de que, com dezassete, ou dezoito, anos de idade, em 1565, já tenha assentado praça em Toledo, em cujo Alcácer estava instalado um estabelecimento militar preparatório, de índole formativa.

b) *A possível integração na milícia papal*

Cai-se, de novo, na esfera dos enigmas cervantinos quando se pretende desvendar como e quando terminou esse noviciado castrense. Mas, em 1568 e em 1569, tudo leva a crer que Cervantes não se achasse vinculado a quaisquer compromissos militares. Embora já se tenha aventado a hipótese de que, em Roma, depois de deixar o serviço do Cardeal Acquaviva, se incorporasse nas forças militares pontifícias, então sob o comando de Marco Antonio Collona.

c) *A presença de Cervantes nas guarnições espanholas da Itália*

Primeiramente no séquito do Cardeal Acquaviva, depois em guarnições diversas, Cervantes conheceu boa parte da Itália. E, dado o seu pendor literário, aí se familiarizou com os autores italianos. Incluindo Boccacio, cujo estilo e cuja técnica de contista se reflectem nas novelas cervantinas, embora limadas de escabrosidades eróticas. Porque é de sublinhar a leveza usada por Cervantes quando se debruça sobre usos e atitudes tidos por viciosos e anómalos. Assim, por exemplo, refere que um jovem muito belo, aprisionado por turcos, se vestiu de mulher por saber que aquela gente mais apreciava um mancebo formoso do que uma mulher, por muito bela que fôsse ("Quixote", 2.ª Parte, Cap. LXIII). E tudo quanto importava ficou dito, sem cópia de pormenores.

Embora proporcionando-lhe largas oportunidades para conhecer usos e pessoas, assim como para apreciar os primores culturais da Renascença italiana, o serviço de guarnição, naquela companhia do Capitão Urbina, havia de pesar no irrequietismo do jovem soldado, ansioso por receber o seu baptismo de fogo.

d) *O comportamento de Cervantes em Lepanto*

E acabou por recebê-lo, na célebre batalha naval de Lepanto, travada a 7 de Outubro de 1571, em condições que haviam de pesar sobre toda a sua vida.

Embora doente, atacado de febres, e, por isso, dispensado pelo seu comandante de participar no combate, Cervantes teimou em acompanhar os camaradas nos momentos mais apertados da refrega. E foi colhido pelo fogo dos turcos, daí resultando, além de escoriações várias, uma destruição de tecidos ósseos, musculares ou nervosos, que permanentemente lhe imobilizou a mão esquerda. Já se tem posto em dúvida que a lesão pudesse resultar de um tiro de arcabuz, conforme entendimento generalizado, preferindo-se, por vezes, a explicação de que fosse produzida por dardo envenenado ou por flecha, muito em uso entre os turcos, que, atingindo um nervo periférico, possivelmente o cubital, tivesse provocado uma semiparalização.

e) *A invalidez de Cervantes*

Nunca Cervantes lamentou a invalidez sofrida em combate. Antes dela colheu motivos de orgulho.

Lepanto foi para ele a jornada mais bela de todos os tempos passados, que o futuro não saberia igualar. E sempre sustentou a tese de que Lepanto contivera a expansão otomana. Era também essa a convicção de Filipe II, que, em Guadalupe, tentou demover o sobrinho, Sebastião de Portugal, do seu projecto marroquino, porquanto, depois de Lepanto, estaria vedada aos turcos a instalação no Magrebe. Mas, mesmo descrente do projecto, não deixaria o Rei Filipe de prestar-lhe algum apoio, ao menos simbólico, do que resultou a morte, em Alcácer-Quibir, de muitos dos soldados espanhois para ali enviados e do seu comandante, Francisco Aldana, afamado capitão e poeta.

Muitos terão duvidado dos efeitos decisivos de Lepanto, mas Cervantes não só se alheou de tais dúvidas como se manteve fiel ao orgulho do seu baptismo de fogo e da sua invalidez gloriosa. Para ele, conforme o afirmou no Prólogo de "Las Doce Novelas Ejemplares", em reiterada insistência, Lepanto fora o mais memorável e alto momento dos séculos passados, sem esperança de que o repetissem os futuros. E, tendo lá ficado muito estropiado da mão esquerda, ele a tinha por muito formosa, pelas circunstâncias em que a estropeara. Também no Prólogo da 2.ª Parte de "Don Quijote", já avançado em anos e perto do fim da vida, Cervantes insiste na mesma ideia, invocando a sua qualidade de inválido, de "manco", com persistente orgulho, porquanto "ao soldado mais valerá morrer na batalha do que estar ileso na fuga". E acrescenta que, sendo-lhe facultado optar, preferiria perecer na batalha do que não tomar parte nela.

f) *A participação em Navarino e em Túnes*

Retirado para Messina, a sarar as feridas e a convalescer, rapidamente Cervantes quís retomar as armas. E estranhar-se-á como isso lhe foi aceite, dada a sua irremediável invalidez. Mas, naquele tempo, no aproveitamento da capacidade dos soldados, mais pesariam as disposições de ânimo do que a escorreição do corpo. Por isso, logo em Abril de 1572, seis ou sete meses após Lepanto, já Cervantes passou a servir na companhia de Ponce de Léon, do regimento de Lope de Figueroa. E, reunido à sua unidade, participou do combate de Navarino, na Moreia, precisamente um ano após Lepanto; e, em 1577, esteve com as forças filipinas que assaltaram Túnes, sob o comando de Dom João de Áustria.

Dadas as referências elogiosas que lhe foram feitas pelo General, Dom João, é de supor que o comportamento de Cervantes nos referidos combates tenha revelado qualidades excepcionais, de bravura e de capacidade de comando.

g) *O socorro aos cavaleiros de S. João de Jerusalém*

A continuidade dos ataques dos turcos a Malta, bem vizinha da Sicília, terá dado consistência à opinião segundo a qual Lepanto não livrara nem a margem sul do Mediterrâneo nem sequer as terras europeias por ele banhadas, das investidas otomanas.

Com efeito, tendo já perdido as posições da Palestina e, depois, tendo também sido expulsos da Ilha de Rodes, por eles conservada durante mais de dois séculos, os cavaleiros hospitalários, da Ordem de São João de Jerusalém, instalaram-se nas Ilhas de Malta e de Gozo, que lhes tinham sido cedidas por Carlos V. Dali passaram os cavaleiros de Malta, com as suas galés, a dar caça aos piratas mouriscos. Mas o Sultão Solimão, que, na sua mocidade, conquistara Rodes, reuniu um grande exército e uma poderosa esquadra, que puseram cerco a Malta em 1565 e sobre ela investiram. Os cavaleiros, sob o comando do seu célebre Grão--Mestre Jean de La Valette, resistiram a todos os assaltos, obrigando os turcos a levantarem o cerco, não obstante a sua esmagadora superioridade, em homens e em armas. Mas não cessaram aí as ameaças turcas a Malta e, em 1574, três anos após Lepanto, Solimão II lançou uma nova armada com a qual investiu Trípoli, posição também confiada à Ordem de São João de Jerusalém, apoderando-se ali do forte de La Goletta. Os cavaleiros de Malta foram então socorridos por forças espanholas idas da Sicília. Desta expedição terá, possivelmente, participado Cervantes; e das provas então dadas terá, admissivelmente, resultado o muito apreço que lhe manifestou o Duque de Sessa, ao tempo Vice-Rei da Sicília.

h) *A admissível participação de Cervantes noutras campanhas*

Não deverá excluir-se que Cervantes tenha ainda participado em outras campanhas militares. Mas não esteve com as forças que o Duque de Alba lançou contra Dom António, Prior do Crato, entre as quais, aliás, predominavam os alemães e os italianos. E a participação na campanha dos Açores, ou das "Ilhas Terceiras", que já lhe foi atribuída, resulta de o confundirem com o irmão, Rodrigo, que lá esteve, efectivamente, como alferes de uma das companhias do Marquês de Santa Cruz.

i) *Os méritos militares de Cervantes*

A coragem de Cervantes não será posta em dúvida. Mas, para além do gosto das armas e da valentia, impõe-se sublinhar que foi também militar avisado, prudente e, consequentemente, apto para assumir comandos. Nalguns passos da sua obra literária põe em relevo a necessidade de refrear a impetuosidade pela prudência. E o próprio Dom Quixote louvava essa prudência, ainda que dela não soubesse usar.

Só os muitos méritos militares permitem explicar as expressivas cartas de recomendação de Dom João de Áustria e do Duque de Sessa. Nelas se afirma que Miguel de Cervantes Saavedra tinha valor bastante, talento e nobreza de procedimento para que lhe fôsse confiado o comando de uma companhia. E esta apreciação não poderia assentar apenas no comportamento havido em Lepanto, porque aí Cervantes não teve oportunidade para revelar qualidades de comando e de ponderação. Elas terão sido demonstradas posteriormente. E talvez nas expedições de que o Duque de Sessa teve mais próximo conhecimento.

De sublinhar será ainda que as qualidades de militar reconhecidas haviam de ser muito salientes para fazerem esquecer as inevitáveis claudicações resultantes da invalidez. Mesmo com a mão esquerda inutilizada, aquele soldado era julgado apto para exercer comandos ao nível de companhias, unidades de combate relativamente pequenas, e, em consequência, cujos chefes com frequência se acham na proximidade do inimigo.

j) *A continuidade no sentido militar e heróico da vida*

Miguel de Cervantes Saavedra conservou sempre o espírito de soldado, de profissão e de vocação. Ao melhor nível e com saudade patente das refregas. Sem o menor lamento, pelas feridas, pelas provações e pelos riscos corridos nas campanhas. Talvez com o gosto amargo de nelas não ter prosseguido. E quando, consagrado nas letras, como poeta, como dramaturgo e, sobretudo, como contista, ao reconhecer nas artes meios de afirmação do valor dos homens, não hesitou em dar preferência às armas.

Tudo leva a crer que, se não tivesse sofrido o cativeiro de mais de cinco anos, se as recomendações dos generais tivessem chegado oportunamente ao seu destino, se Dom João de Áustria e o Duque de Sessa não tivessem morrido prematuramente, Cervantes prosseguiria na carreira de soldado, nos terços da Itália e da Flandres, ou, levado pelo espírito de aventura, por curiosidades febris, nas Américas. Teria derramado o seu sangue, muitas e muitas vezes, em defesa dos seus ideais e em cumprimento das suas fidelidades. E já ninguém se lembraria agora desses seus sacrifícios e dessa sua heroicidade.

Talvez, afinal, Cervantes tenha ficado a dever aos piratas barbarescos, que o capturaram, a sua glória, a sua imortalidade. E todos quantos o leram terão ficado a dever também àqueles piratas mouriscos a beleza da mensagem cervantina e os seus profundos ensinamentos.

4. O cativeiro de Cervantes

a) *A permanente debilidade da Europa e a "Respublica Christiana"*

Sempre foi débil a posição da chamada Europa, de contornos arbitrários e mal definidos, constantemente ameaçada, designadamente por Tártaros e Mongois, que, ainda no século XIII, arrasaram as terras magiares, parcialmente ocupadas, durante séculos, sob o crescente islâmico, tanto a Ocidente como a Leste. A partir da queda do Império Bizantino, com a gesta iniciada em Covadonga só muito recentemente terminada, a força otomana não parecia dominável. Cobriu a Península Balcânica e a Grécia, atingiu Belgrado em 1521, Budapeste em 1526 e, ainda em fins do século XVII, na sequência de investidas anteriores, só não absorveu Viena porque, no último momento, em desespero de causa, a cavalaria polaca de Sobiesky, descendo do Kahlenberg, esmagou os turcos de encontro aos muros da cidade. Quanto ao Mediterrâneo, o antigo lago romano, continuou a ser zona extremamente insegura, sulcada não apenas por armadas de signos opostos mas também por quadrilhas de piratas e corsários. Alguns portos mediterrânicos e, sobretudo, Argel, continuariam, por longo período, a ser ninhos de pirataria. Pelo menos até 1830, ano da ocupação francesa. E dir-se-á que uma ilusória segurança então alcançada, já consequente de sucessivas derrotas otomanas, comunicou à Europa um excessivo optimismo quanto à sua superioridade e quanto à sua invulnerabilidade, até tempos muito recentes. Desse optimismo resultou também, conforme é da natureza humana, um acentuado afrouxamento de resistências, possivelmente agravado pelo esquecimento de que um aparente domínio da Europa, a nível mundial, e a sua mesma sobrevivência, através das ameaças, se ficou a dever à força da aliança cultural greco-romana e cristã.

b) *Os piratas argelinos e a captura de Cervantes*

Após as expedições a La Goletta e a Malta, que, provavelmente, terão sido as suas últimas aventuras militares, enfastiado do serviço de rotina nas guarnições de Palermo e de Nápoles, Cervantes decidiu regressar a Espanha, donde também haviam de provir as ambicionadas e previstas promoções na carreira militar. Mas, tendo embarcado na nau "Sol", este navio e mais dois que o acompanhavam, quando ao largo da costa da Provença, perderam-se uns dos outros, em consequência de uma tempestade; e, seguidamente, oito dias depois, já em frente da costa catalã, a nau "Sol", continuando a navegar isoladamente, foi apresada por uma flotilha de piratas barbarescos. Houve tiros, espadeiradas, mortos e feridos; mas os piratas levaram a melhor. Miguel Cervantes, o irmão Rodrigo, militar como ele e também de regresso a Espanha, muitos outros espanhois ainda, soldados e mareantes, seguiram cativos para Argel. Aí foi doloroso o seu passadio, marcado por muitas humilhações e maus tratos, de que deu conta cabal, oito anos mais tarde, o relato de Frei Diego de Haedo, que também esteve cativo em Argel, pela mesma época, e se refere à força de ânimo revelada por Miguel Cervantes naquela conjuntura. Contudo, pelo menos nalguns períodos, terão os cativos gozado de alguma liberdade de acção e de movimento, que terá permitido a Miguel Cervantes conhecer a cidade e lá conquistar, em certos meios, mesmo de mouros, um ambiente de simpatia e apreço.

c) *As repetidas tentativas de fuga*

Por quatro vezes, pelo menos, no decurso daqueles cinco anos de cativeiro, Miguel Cervantes tentou a fuga, para ele e para os companheiros de infortúnio. Umas vezes procurando refúgio em navios fundeados no porto, outras visando alcançar, por terra, a cidade de Orão, também situada na costa argelina mas, desde 1509, na posse dos espanhois[2]. E até gizando planos de assalto a Argel, que terá conseguido enviar para Orão e para Madrid, por via de cuja execução também poderia lograr a liberdade. Descobertos sempre os preparativos de fuga, foram sujeitos os neles envolvidos a novos e severos castigos, sobretudo Miguel Cervantes, porque, perante os captores, se afirmou único responsável das tentativas falhadas, a fim de aliviar os companheiros[3].

---

[2] Para conter os piratas, também instalados em Orão, já os portugueses, em 1501, sob o comando do Conde de Tarouca, tentaram, sem sucesso, conquistar aquela cidade. E os espanhois, em 1509, a ocuparam, lá se conservando durante dois séculos, até 1708.

[3] Também as referidas tentativas de fuga, assim como o comportamento de Cervantes em relação a elas constam do relato de Frei Diego de Haedo (*Topographia y Historia General*

d) *As cartas de recomendação e o seu efeito no empolamento do resgate*

Convenceram-se os captores, fiados nas cartas de recomendação dos generais, das quais se apoderaram, que o cativo Miguel era homem de muita valia e de alta condição. Por isso, decidiram fixar para ele um muito elevado resgate, de montante bastante superior ao comum. Em consequência, arrastou-se por mais de cinco anos o cativeiro de Cervantes, porque as somas reunidas para efeitos do seu resgate não atingiam o montante exigido pelos captores. Assim, as cartas laudatórias, sem terem produzido efeitos benéficos, porque, entretanto, o tempo decorrido e o próprio cativeiro as terão tornado menos oportunas, constituiram factores de agravamento da sorte do recomendado.

e) *As frustradas ofertas de resgate*

Prontamente a família, ao saber do cativeiro dos dois irmãos, Miguel e Rodrigo, se esforçou por

de Argel, 1612, 3 vols., Madrid, 1927-1929). Em obra recente tal relato é julgado fantasioso, ou "enovelado", chegando a pôr-se em dúvida a sua autoria (César Bandariz, *Cervantes Decodificado*, Madrid, 2005, pp. 99 e s.).

conseguir as somas necessárias para oferta dos resgates. Através de muitos sacrifícios, que envolveram bens pessoais de duas irmãs – Andrea e Madalena. Não costumavam ser moderados os resgates pedidos. Mas, mesmo assim, as somas reunidas foram previstas aos níveis comuns respeitantes a militares menos graduados. E, porque os argelinos tinham cotado em muito o cativo Miguel, malograram-se as negociações empreendidas para a sua libertação. As somas obtidas pela família e levadas a Argel pelos frades Tridentinos, que frequentemente se empenhavam em tais missões, foram rejeitadas por insuficientes. E só chegaram para libertar o irmão Rodrigo, não beneficiado por recomendações que permitissem supô-lo de alta valia. Miguel continuou cativo, sempre traçando novos projectos de fuga e de assalto armado a Argel, que conseguiu fazer chegar às mãos do Secretário de Estado Mateo Vazquez e do governador de Orão, Martín de Córdoba.

f) *O tardio resgate do cativo*

Tendo já conseguido a libertação do filho Rodrigo, novos esforços foram empreendidos pelos pais em ordem a resgatarem Miguel. Designadamente expondo ao Rei os serviços por ele prestados à Coroa e a necessidade de auxílio. Não se sabe se, por tal via, alguma contribuição foi obtida. Eram muitos os cativos, tendo-se criado, tanto em Espanha como em Portugal, fundos e impostos especiais para a sua remissão. Finalmente, em Maio de 1580, juntando-se às somas reunidas pela família um complemento acrescentado pelos peditórios dos frades Tridentinos, foi possível libertar Miguel de Cervantes.

g) *O impecável comportamento de Cervantes no seu cativeiro*

A energia, o engenho, a resignação em face do infortúnio e a dedicação aos companheiros, que se têm atribuído a Cervantes, já deram margem a reticências de cépticos. Há quem facilmente aceite, e se apresse a difundir, as notícias de vícios, abusos e fraquezas, mas sempre ponha em dúvida as virtudes e as abnegações. Já se afirmou que no relato respeitante ao comportamento de Cervantes durante o seu cativeiro há manifestos exageros. Até porque a vida não teria sido perdoada, vezes sucessivas, ao autor de tamanhos atrevimentos. Talvez se esqueça que, segundo consta também, Cervantes, através dos períodos de relativa liberdade, de que gozou em Argel, grangeou um ambiente de respeito e de simpatia, mesmo entre núcleos da moirama. E esquecer-se-á também que a continuada expectativa de vir a ser pago um elevado resgate poderá ter contribuído para que lhe fôsse poupada a vida. Na base das insinuações do frade dominicano Juan Blanco de Paz acerca da complacência de que Cervantes teria usado quanto à atracção mourisca para o "pecado nefando", que lhe teria valido alguma boa vontade, se não afecto, da parte de notáveis argelinos, já nem faltou quem arriscasse referências a uma admissível homossexualidade de Cervantes. É pecha recente a de pretender associar a genialidade criadora ao pendor homossexual. E sem dúvida que os prisioneiros caídos nas mãos de islamitas foram, muitas vezes, vítimas inocentes daquela referida atracção. Também Cervantes a tal se refere nalguns dos seus escritos. Mas é de crer que, em razão da sua personalidade ou da expectativa de farto resgate, ele tenha sido poupado a alguns vexames. Mas, ainda que o não tivesse sido, daí não se poderia inferir no sentido da homossexualidade de Cervantes.

Aliás o cristão-novo e dominicano Juan Blanco de Paz, sempre inimigo de Cervantes, perseguido, no final da sua vida, por dívidas, falsificações e simonia, perdeu qualquer crédito. E todas as outras referências às atitudes de Cervantes durante o seu cativeiro levam a concluir no sentido da sua impecável exemplaridade.

h) *A influência do cativeiro de Argel na vida e na obra de Cervantes*

α *A recordação dos padecimentos de Argel*

Em toda a vida e em quase toda a obra de Cervantes se reflectiu a permanente e dolorosa recordação dos sofrimentos de Argel. Lembrou-os, com frequência, nos seus tratos. E não os esqueceu nos seus escritos. Nomeadamente no relato do cativo, inserido no "Quixote". A passagem por Argel, porém, facilitou-lhe também o conhecimento e a compreensão de muitos aspectos das vivências islâmicas e das populações do Norte de África. Esse conhecimento e essa compreensão são nítidos em muitos dos seus contos, incluindo os inseridos no "Quixote".

β *O respeito do Islão e dos inimigos*

Mas importará sublinhar que a recordação das humilhações e dos sofrimentos não vedou a Cervantes o profundo respeito do Islão, na linha de continuidade do Cid Campeador e de muitos outros grandes da Reconquista cristã. Era um homem culto, inteligente e de sentimentos nobres. Procurava conhecer os inimigos, compreendê-los e respeitá-los. Nas suas crenças e nas suas usanças. E foi ao ponto de, na sua construção imaginativa do "engenhoso fidalgo da Mancha", atribuí-la a um árabe. Assim, naturalmente influenciado por aquelas novelas de cavalaria cujos autores pretendiam ter colhido as histórias por eles gizadas em misteriosos manuscritos, Cervantes filiou num suposto manuscrito árabe, do também misterioso Cide Hamete Benengeli, a história original de Dom Quixote e de Sancho Pança.

Também nesse ponto Cervantes é de flagrante actualidade. Porque, na base da sua ciência, das suas experiências e da sua meditação, tentou explicar, em linguagem simples, acessível, e através de histórias da vida corrente, que a convivência com o mundo islâmico não é viável pela imposição dos usos e das instituições ocidentais, ainda que essa imposição fôsse pacífica e assente na miragem de uma adesão espontânea a esses usos e a essas instituições, logo que conhecidas pela gente islamita. Muito antes de Cervantes já os portugueses sabiam que assim era, como ficou provado pelos termos da sua permanência secular nas praças marroquinas. E até pela correspondência trocada entre os reis de Portugal e alguns notáveis do Magrebe, que a Academia das Ciências de Lisboa publicou, parcialmente, em finais do século XVIII. Mas receio bem que, entretanto, os portugueses se tenham esquecido do que aprenderam através dos contactos com outros povos. E julgo que, para além dos portugueses e dos espanhóis, os outros, em geral, dominados pelo orgulho das suas concepções próprias, nunca tenham chegado, sequer, a auscultar o Islão. Daí resultarão muitos dos desentendimentos do tempo presente.

5. Os aspectos dramáticos da vida de Cervantes

a) *As tragédias e os dramas na vida de Cervantes*

É sabido que Cervantes teve uma vida intensa. E, consequentemente, dominada por tragédias e dramas múltiplos. Foram trágicos, entre outros factos, a sua invalidez, o seu cativeiro, os desgostos originados nas turbulências da filha única, algumas ocasionais quebras de liberdade, os equívocos relacionados com o assassinato de Dom Gaspar de Ezpeleta. Trágicas foram as moléstias – a hidropisia, a insuficiência cardíaca, a artério-esclerose, possivelmente a cirrose hepática – que, causando--lhe dispneia, estertores, sede insaciável, ansiedade e convulsões, acabaram por dar fim aos seus dias. Em face das tragédias, conforme é da natureza delas, não lhe foi concedida margem a opções. Suportou-as, pura e simplesmente. Mas também constantemente foi situado perante alternativas dramáticas e consequentes faculdades de opção. Quanto à escolha da carreira militar ou da carreira das letras, quanto a tentar, ou não, as fugas do cativeiro, quanto a persistir na sua vida de aventuras ou repousar no bucolismo de Esquívias, terra da mulher. E muitas, muitas outras alternativas dramáticas, seriam de referir.

b) *Os dramas culturais de Cervantes*

Miguel de Cervantes terá hesitado entre a glória das letras e a glória das armas. E, forçado a abandonar as armas, encontrou-se na alternativa de cultivar as letras apenas pelo amor do sucesso ou pelo amor da verdade e pelas suas preferências estéticas e estilísticas. Geralmente optou pelo segundo termo da alternativa. Daí o carinho que lhe mereceu a sua "Galatea", cuja 2.ª Parte, sempre prometida, nunca chegou a publicar. E, já no final da vida, o seu "Los Trabajos de Pérsiles y Sigismunda", com páginas de extrema beleza e de grande profundidade, mas pesado, arrastado, mais satisfez o gosto do autor do que a demanda dos leitores. Quando estava a escrevê-lo, Cervantes afirmou que a sua história de Pérsiles e Sigismunda viria a ser "o melhor ou o pior dos livros em língua castelhana". Não terá sido nem uma coisa nem outra, mas, para além da beleza formal, contêm-se nesta obra curiosos elementos de síntese e de revisão de escritos anteriores, lá se deparando com algumas tomadas de posição rectificativas, ou esclarecedoras, pelo que respeita à crítica das novelas de cavalaria. Nem sei se o clamoroso êxito do "Quixote" não terá sido inesperado. Cervantes procurou, através dele, aproveitar o mote da crítica às novelas de cavalaria para contar quanto sabia e comunicar as suas reflexões. A combinação da simplicidade e da pureza da linguagem, do atractivo das aventuras burlescas e da profundidade dos juízos, poderá não ter sido programada pelo autor do "Quixote". Mas daí resultou a apetência da obra tanto para os que apenas pretendiam rir como para aqueles que também queriam meditar. Não tenho dúvidas quanto ao talento genial de Cervantes; mas não sei se ele terá tido plena consciência da sua genialidade.

c) *Os dramas sentimentais de Cervantes*

Naturalmente que muitos dos dramas sentimentais experimentados por Cervantes não serão agora sequer pressentidos. É bem possível que a ligação a Ana de Rojas lhe tenha criado situações dramáticas. Tanto mais que ela era casada com Alonso Rodríguez, proprietário de um tasco frequentado por gente de teatro e por literatos, situado na madrilena Calle de Tudescos, e a filha dela, Isabel, foi, por longo período, havida por filha do matrimónio. Essa filha de Ana de Rojas impôs opções a Cervantes, necessariamente. Só a reconheceu depois da morte da mãe e, durante período longo, escondeu-a da mulher, confiando-a à guarda de uma irmã dele, que, no entanto, a terá mantido em condição mais ou menos servil. Só anos mais tarde aquela filha bastarda seria acolhida no lar paterno, juntamente com a madrasta, duas tias e uma prima. Também alguns passos objectáveis da vida da filha, designadamente os respeitantes às relações dela com o português Simão Mendes, terão pesado no espírito de Cervantes, impondo-lhe atitudes alternativas. E até o seu segundo casamento, embora do agrado do pai, que, para o efeito, a dotou generosamente.

É natural que os dramas sentimentais de maior vulto na vida de Cervantes tenham respeitado ao seu próprio matrimónio, contraído quando já se aproximava da quarentena, em oposição à vontade da família da noiva, menina prendada de província, naturalmente apaixonada por aquele homem amadurecido, gracioso de feição, de porte e de palavra que, no entanto, não terá inspirado confiança aos familiares de Dona Catarina. Esmaecidos os ardores iniciais da paixão, a mulher terá preferido manter-se na sua terra natal de Esquívias do que seguir o marido no bulício da cidade e nas peregrinações campestres, em requisições de víveres para as frotas e em cobrança de dinheiros da Coroa. Mas esse afastamento dos cônjuges assentou, necessariamente, em dúvidas, em hesitações, de travo mais ou menos dramático. Assim como, mais tarde, a junção de Dona Catarina ao marido, nas casas de Valhadolide e de Madrid. Também terá tido laivos de dramatismo o pedido de Cervantes à mulher para que prestasse a fiança legalmente exigida para o desempenho do cargo de recebedor das alcavalas da Andaluzia. E dramática terá sido a decisão de Dona Catarina de prestar a referida fiança.

Diz-se com frequência ter sido infeliz o matrimónio de Cervantes. Mas será arriscado afirmá-lo. Até porque, numa fase avançada da vida embora, os cônjuges passaram a viver sempre juntos, tendo Dona Catarina usado de resignação bastante para deixar a sua amada terra de Esquívias. Nem será seguro imputar a Cervantes o estado de espírito que levou um dos seus personagens, o "Licenciado Peralta", a afirmar que " os casamentos de amor trazem em si aparelhada a execução do arrependimento" (Diálogo do "Licenciado Peralta" e do "Alférez Campusano", em "Casamiento Engañoso"). A felicidade de cada um é de muito difícil apreensão a quatrocentos anos de distância.

d) *Os dramas económicos de Cervantes*

Os dramas económicos acompanharam, incontestavelmente, todo o percurso da vida de Cervantes. Mesmo excluindo juízos feitos acerca de uma extrema pobreza, é fortemente provável que os oficios de requisição de víveres e de cobrança de tributos e rendas tenham sido desempenhados exclusivamente pela necessidade de viver e de melhorar a condição económica. Ainda que, através deles, Cervantes possa ter encontrado aspectos de aventura que lhe agradariam; e temas literários que soube aproveitar. Por maioria de razão, os negócios de "secos e molhados" em que se terá envolvido pessoalmente corresponderão a opções dramáticas que, certamente, lhe dominaram o espírito.

e) *As opções cervantinas*

A predominância das opções de Cervantes, em face das circunstâncias dramáticas que se lhe apresentaram, há-de ser fundamental para ajuizar da sua personalidade e, na base de quanto se sabe com alguma segurança, concluir-se-á no sentido de sempre, ou quase sempre, as opções cervantinas se terem subordinado a uma marcada preocupação de manter a sua liberdade individual e de alcançar situações de nível compatível com os seus méritos. Mas as preferências de Cervantes, quando situado em encruzilhadas alternativas, não terão sido ditadas por sentimentos de puro egoísmo, de ambição e de orgulho. Parece nítida nele a plena consciência de uma missão à qual fora chamado e que não queria deixar de cumprir.

6. A visão cervantina das coisas portuguesas

a) *A passagem de Cervantes por Lisboa, por Tomar e pelos Açores*

Libertado, finalmente, do seu cativeiro de Argel, Cervantes chegou a Madrid em Novembro de 1580; e aí se conservou até Dezembro do mesmo ano, pelo que não pode ter participado da expedição a Portugal do Duque de Alba, cujo exército, aliás, foi constituído, predominantemente, por tropas alemãs e italianas.

No ano seguinte, isso sim, Cervantes veio a Portugal, quando Filipe II já se achava em Tomar, prestando juramento de fidelidade aos foros dos

Portugueses, que nunca haveriam de deixar de constituir uma nação independente, com leis, costumes, moeda, cargos e senhorios próprios. Instalada a Corte filipina em Portugal, ou Cervantes a ela foi chamado, a prestar esclarecimentos sobre a situação de Argel e o que lá vira e soubera, ou daquela Corte se aproximou, por sua iniciativa, no compreensível propósito de recordar serviços já prestados à Coroa e a patentear a aptidão para continuar a servi-la.

Não terá sido inteiramente frustrado tal propósito, pois, em Tomar, ou em Lisboa, Filipe II lhe cometeu uma missão a desempenhar junto do governador de Orão. Nem será muito audacioso aventar a hipótese de que a referida missão estivesse relacionada com o plano traçado por Cervantes, quando cativo, no sentido de um assalto à cidade de Argel. Certo é apenas que, no desempenho da dita missão, Cervantes voltou a cruzar o Mediterrâneo, mas então sem incidentes de maior.

b) *A atracção das coisas portuguesas*

A viagem a Portugal deixou sempre a Cervantes as mais gratas recordações, reflectidas em diversas das suas obras, mas sobretudo na "Galatea", aquela de que mais gostava, segundo as suas afirmações. Lê-se nessa sua obra que a língua portuguesa é a mais doce de todas, que a Lusitânia seria fadada para os amores; e as margens do Tejo, identificadas com os "Campos Elísios", constituiriam o paraíso na Terra. Quanto a "Galatea", a heroina, pastora nas ribeiras do Tejo, era inigualável em beleza. Depara-se-nos aqui uma ante-visão quixotesca da "Dulcineia de Toboso". Tanto Galatea como os seus apaixonados, Elício e Erastro, como muitos mais personagens desta écloga cervantina, são pastores das margens do Tejo. E um deles pastoreava pelas margens do rio Lima, que, presumivelmente, Cervantes só conheceria de relatos alheios.

Tendo-se deslocado aos Açores, ou "Ilhas Terceiras", daí nasceu a lenda de que a sua bastarda, Isabel, era filha de uma dama açoreana. Para a lenda terão contribuído os muitos e rasgados louvores de Cervantes à beleza das mulheres portuguesas. Mas a referida lenda foi desfeita na base de diversos dados. Entre eles os constantes do testamento daquela única filha.

São frequentes as referências a coisas portuguesas e aos portugueses em diversas obras de Cervantes, o qual afirmou ter-se encontrado, no cativeiro de Argel, com Manuel de Sousa Coutinho, mais conhecido pelo nome adoptado, depois de professar, de Frei Luís de Sousa[4]. A beleza e a grandeza do rio Tejo no seu percurso português, a evocação de Viriato, do Infante Dom Pedro, o das "sete partidas" e de Alfarrobeira, a lembrança de Camões e da heroicidade do lusitano João de Melo, muitas outras referências às coisas portuguesas se nos deparam na obra cervantina (Exs.: "Quixote", 1.ª Parte, Cap. XLIX, 2.ª Parte, Cap. XXIII).

c) *O elogio de Lisboa e da sua gente*

É em "Los Trabajos de Pérsiles y Sigismunda", trabalho publicado postumamente, em 1617, e escrito no decurso dos últimos anos de vida do

---

[4] Frei Luís de Sousa, o do drama teatral de Garrett, foi grande figura das letras portuguesas, tratando-se do autor da "História de São Domingos" e da "Vida do Arcebispo Dom Frei Bartolomeu dos Mártires". Em 1576, Manuel de Sousa Coutinho, dirigindo-se a Malta, foi, como Cervantes, aprisionado por piratas e levado para Argel, onde, efectivamente, se encontrava o escritor espanhol. Contudo, já se tem posto em dúvida o encontro dos dois.

autor, que se nos depara o mais rasgado elogio de Lisboa e da sua gente. Note-se que Cervantes terá estado em Lisboa apenas em 1581. E, mais de trinta anos depois, ainda, recorrendo às muito gratas recordações, dizia que, naquela cidade, "o amor e a honestidade dão-se as mãos e passeiam juntos; a cortesia veda o acesso à arrogância; e a bravura não consente aproximações à cobardia. Todos os seus moradores são agradáveis, amáveis, liberais e enamorados, porque discretos. A cidade é a maior da Europa e a de mais avultado tráfego. Nela se descarregam as riquezas do Oriente e, a partir dela, se repartem pelo Universo... A formosura das mulheres causa admiração e enamora, a dignidade dos homens impressiona sobremaneira. Em suma, esta terra presta ao Céu um santo e copiosíssimo tributo".

A impressão causada a Cervantes por Lisboa terá sido de completo deslumbramento. Assim, quando a nau que transportava Pérsiles e Sigismunda se aproximou da barra do Tejo, o grumete de vigia soltou o grito tradicional de "Alvíssaras, terra, terra", mas logo acrescentou "Ou melhor, Céu, Céu, porque estamos em frente da famosa Lisboa". E, segundo as falas dos heróis do romance, na terra portuguesa melhor se servia a

Deus e aos templos em que é adorado, melhor se observando também a caridade cristã no combate à doença empreendido nos muitos hospitais da cidade. Sigismunda, chegada a Lisboa, logo quís visitar o famoso e santo mosteiro de Belém, para nele adorar, livre e desembaraçadamente, o verdadeiro Deus, "sem as torcidas cerimónias da sua terra". Porque, no país nórdico de sua origem, a Reforma teria torcido a fé. E Cervantes aproveitou a cena jubilosa da chegada dos seus heróis a Lisboa, a terras peninsulares e católicas, para manifestar o seu anti-reformismo e afirmar as excelências do Cristianismo tridentino e jesuítico. Assim, os dois apaixonados, Pérsiles e Sigismunda, durante os dez dias que estiveram em Lisboa, visitaram os seus templos e encaminharam as suas almas pela via direita da salvação. Ainda antes de empreenderem a viagem a Roma, onde esperavam inteirar-se das verdades que convinham àquela salvação, por terem nascido em partes remotas onde a verdadeira fé católica não estaria no ponto perfeito e desejável.

Também parece reflectir o alto conceito que Cervantes teria do nível atingido pelas artes, em Portugal e em Lisboa, o facto de o seu herói, Pérsiles, ter confiado a um famoso pintor lisboeta o encargo de fazer figurar, em várias telas, os principais passos das suas extraordinárias aventuras.

7. A vocação literária de Cervantes

a) O "leigo genial"

A simplicidade, o gosto popular, da prosa cervantina, deram corpo à ideia de que o seu autor seria um "leigo genial", na expressão castelhana "un ingenio lego". E prende-se a ideia com a convicção de que Cervantes não frequentou a universidade e que os seus conhecimentos clássicos foram colhidos "em segunda mão", designadamente através da literatura italiana já renascentista. Terá de reconhecer-se, porém, que as universidades, constituindo centros magníficos de transmissão e de irradiação de cultura, nunca detiveram um exclusivo cultural. Sem dúvida que Cervantes, além de talentoso, foi homem de muita, seleccionada e reflectida leitura. E não teremos de lamentar por, em vez de uma enciclopédia, ter escrito o "Quixote".

Não foi Cervantes teólogo, nem filósofo de cátedra, nem tratadista político. Mas não noto divergências de maior entre os juízos cervantinos dispersos e os que se contêm na "Política de Diós y Gobierno de Cristo", de Quevedo (1626), ou na "Conservación de Monarquias"(1625), de Fernández de Navarrete. E como se trata de obras posteriores ao "Quixote", e à morte de Cervantes, nem sei se esses autores não terão beneficiado já de quanto se contem na dispersão do "leigo genial". Nem isso será para estranhar, pois a doutrinação prática, experimental, de Cervantes foi extraída da "filosofia das razões", que assenta na boa verdade e no bom entendimento, como disse o cão falante Cipião no "Colóquio de los Perros".

b) *A poesia e o teatro em Cervantes*

Talvez seja através da poesia cervantina que melhor se nos revela a solidez do fundo cultural do autor. Porque, aí, as mais das vezes, melhor se nota o apartamento da popularidade e de uma admissível preocupação vulgarizadora. E nem será muito arriscado sustentar que, afinal, Cervantes foi, sobretudo, um poeta, cuja sensibilidade melhor se terá revelado quando escreveu em prosa.

Contudo, dir-se-á que a poesia cervantina não teria imortalizado o autor. Mesmo sem querer aceitar os remoques maldosos de Lope de Vega, que nem mesmo o "Quixote" poupou. Ainda em 1595 Cervantes ganhou o 1.º prémio do torneio de poesia de Saragoça. Era pouco para quem já estava na idade madura, após trinta anos de vida literária, que naquele torneio se defrontou com principiantes.

Também a obra teatral de Cervantes, relativamente vasta, ficou muito aquém do seu talento, não obstante a elegância e a graça das suas comédias e dos seus "entremeses", em que a leveza dos diálogos encobre, as mais das vezes, a profundidade dos juízos.

c) *As "novelas exemplares"*

Os primores literários de Cervantes revelaram-se, com todo o relevo, nos seus contos. E ele teve mesmo a pretensão de introduzir em língua castelhana o respectivo género literário. Contudo, as suas novelas só foram bastante conhecidas após a publicação do "Quixote", embora tivessem sido escritas muito antes. Foi o êxito de livraria do "Quixote" que levou à publicação das "Doce Novelas Ejemplares", em 1613. E, contudo, nessas novelas, escritas em diversas épocas e de nível bastante desigual, já se incluía quase tudo quanto Cervantes tinha de mais valioso para comunicar. Para além da elegância, da graciosidade, desses contos, deparam-se-nos nalguns deles os elementos essenciais da mensagem cervantina. Especialmente no "Licenciado Vidriera", em "Rinconete y Cortadillo" e no "Coloquio de los Perros". Estas três novelas, por si sós, já teriam feito de Cervantes um extraordinário prosador e pensador, mesmo que não tivesse escrito o "Quixote".

d) *A projecção e o alargamento da obra cervantina no "Quixote"*

Quem se tenha debruçado sobre as aventuras do "fidalgo da Mancha" depois de ter lido já algumas das novelas cervantinas, lá deparou com repetições e com ecos das ideias mestras antes reunidas e expostas. E, a sublinhar a projecção e o alargamento no "Quixote" da obra cervantina anterior, até lá se encontram inseridas numerosas poesias compostas anteriormente. Sem prejuízo de alargamentos, de novos contos a entremearem as desventuras do improvisado e anacrónico cavaleiro-andante. Sem prejuízo, sobretudo, de inovações de estilo, a condizerem com o burlesco da história e das situações.

e) *A frustração da "Galatea"*

Tinha Cervantes particular carinho pela sua "Galatea", publicada em 1585, que considerava mesmo a melhor das suas obras, tendo sempre insistido nas promessas de escrever e publicar a continuação do relato respectivo, que constituiria a sua segunda parte. Mas nunca cumpriu tais promessas. E não terá sido apenas por dificuldades editoriais. Porque também não há memória de que tenha chegado a escrever uma segunda parte da sua "Galatea".

E não se estranharão as ternuras patentes de Cervantes relativamente a este seu trabalho, pois nele se revelam raros traços de sensibilidade, de elegância ática e de uma peregrinação poética em demanda das rotas de padrões obnubilados através da obscuridade das vivências humanas. Mas o arrastamento lento, pesado, da novela, a sua prolixidade, a sua falta de naturalidade, não permitiram que os encantos de "Galatea" tivessem acolhimento amplamente satisfatório. Nesse sentido se poderá assinalar uma relativa frustração da "Galatea", de algum modo confirmada pela falta da segunda parte, sempre prometida mas não publicada, e que não terá chegado a ser escrita.

f) *A revisão e a síntese em "Pérsiles y Sigismunda"*

Também "Los Trabajos de Pérsiles y Sigismunda" não beneficiaram de acentuado sucesso. E, contudo, essa obra, publicada um ano após a morte de Cervantes, poderá ter correspondido a uma revisão e a uma síntese da mensagem cervantina. O autor, que a escreveu no decurso dos últimos anos de vida, previa que se trataria do melhor ou do pior dos livros escritos em língua castelhana. É sempre difícil emitir juízos comparativos, mas talvez se trate, realmente, da produção cervantina de mais puro recorte formal. E trata-se também de uma apostila ao "Quixote". Já bem conhecedor das muitas interpretações suscitadas pelo "Cavaleiro da Triste Figura", ainda antes de ter passado a ser o "Cavaleiro dos Leões", Cervantes terá procurado, em "Pérsiles y Sigismunda", esclarecer o seu pensamento, apurar a sua mensagem. Para não se julgar que, por via das críticas aos exageros, e até ao ridículo, das novelas de cavalaria, tivesse querido condenar os ideais de justiça, de bem e de heroicidade que as inspiraram. Essa revisão, esse apuramento, também ressaltam da 2.ª Parte do "Quixote". Mas são mais incisivos em "Pérsiles y Sigismunda", obra pesada e confusa, como a "Galatea", mas cujo estilo é magnífico, envolvendo a reflexão e o sonho que dominam toda a obra. Este último romance de Cervantes poderá até ser visto como um "anti-Quixote". Com efeito, trata-se, afinal, de mais um romance de cavalaria, na glorificação aberta do heroismo em demanda da justiça. E aí, o cavaleiro-andante, o "redresseur de torts", já não se acha estigmatizado pelos laivos patológicos de Dom Quixote.

8. **As excelências da loucura em Cervantes**

a) *A função social dos truões e das caricaturas*

A superficialidade há-de limitar os bobos, os truões, os comediantes mordazes e as caricaturas ao fim de fazer rir. Mas a reflexão põe em relevo a função social dos exageros mais ou menos destemperados e de responsabilidade minguada. Em todas as sociedades, os príncipes avisados procuravam apreender, através dos dislates truanescos, factos e rumores que os áulicos tratavam de ocultar. Não necessariamente por medo de sanções e represálias, ou por comodismo cortesão. Também por natural reserva, por comedimento, por ponderação, por repugnância às precipitações. E daí que, mesmo nas sociedades de maior liberdade, de costumes e de opinião, as publicações humorísticas, as imitações caricaturais, tenham tido sempre um largo papel a desempenhar. Com vantagens e inconvenientes, como tudo quanto não é absurdo, mas, frequentemente, com saldos positivos. Papel semelhante foi reservado às comédias de costumes, através das quais apenas a semelhança de caracteres e de situações atingia os visados. A graça, a paródia, o dito de espírito, alcançam alvos que se pretende visar sem comprometimentos de maior. E o revestimento da imaturidade, ou da insanidade, temporária ou permanente, assegura impunidades em relação a atitudes e propósitos que, embora sendo socialmente menos correctos, podem corresponder à verdade e à justiça, contribuindo para acertos e reparações. Os romanos sabiam que assim era. Donde os adágios "ex ore puerorum veritas", "in vino veritas" e "ridentes castigant mores". De tal modo, conforme observou Erasmo, na dedicatória a Thomas Morus do seu "Elogio da Loucura", sempre se reconheceu ao engenho a liberdade de julgar impunemente sobre os factos correntes da vida humana, desde que não se caísse no furor da licenciosidade.

A loucura atraíu grandes autores da Renascença. Entre eles, além de Erasmo, Ariosto e Cervantes. Talvez também por entenderem que frequentemente as organizações e os mecanismos mais complexos melhor se analisam por via das anomalias que os afectam. Por isso, as quebras de sanidade mental poderiam facilitar a apreensão do fundo dos homens, que os avisados muitas vezes tentam esconder.

b) *A loucura e o bom-senso no "Licenciado Vidriera"*

Assim o terá entendido Cervantes. Precisamente de harmonia com a citada observação de Erasmo. Sem renunciar à natural e corrente liberdade, mas sem confundi-la com os desmandos da licenciosidade.

Antes da loucura de Dom Quixote focou Cervantes a loucura de Tomás Rodajo, ensandecido pelo sortilégio de uma dama apaixonada, a cujos furores amorosos ele não correspondera, por mais prezar os livros do que outros passatempos. Enlouquecido pela ingestão do "membrillo toledano", recebido das mãos da dama despeitada, Tomás, homem pobre, graduado em Leis por Salamanca, convenceu-se de que era de vidro, passando, em razão disso, a ser conhecido pelo nome de "Licenciado Vidriera". Mas a loucura tornou-o mais arguto, mais judicioso, muito apreciado e louvado pelo acerto e pela moralidade das suas observações e dos seus juízos. Por isso, Tomás Rodajo, tendo recuperado a razão, muito o lamentava, porque as trevas da sua loucura o tinham poupado às impurezas da realidade. E, ainda por cima, os que o tinham acarinhado, apreciado e celebrado quando louco, desdenhavam-no desde que escorreito de mente, nem sequer lhe abrindo as portas de acesso a qualquer emprego ou ocupação, pelo que aquele louco restabelecido acabou por seguir a carreira das armas.

c) *A loucura quixotesca na subordinação aos padrões valorativos*

O "Quixote" seria o mais louco de todos os loucos, no dizer de Lope de Vega, que, por tal modo, terá querido pôr em causa os méritos de Cervantes, com quem quase sempre andou desavindo. Mas na loucura de Dom Quixote assenta precisamente uma das facetas da genialidade cervantina. E era contagiosa aquela loucura quixotesca, que tornou visionário puro, em cata de condados e de comandos, o rústico Sancho Pança, muitas vezes assinalado como modelo de camponês, analfabeto, glutão e timorato, mas que, com alguma razão, a duquesa da 2.ª Parte do romance considerava ainda mais louco do que o amo ("Quixote", 2.ª Parte, Cap. XXXII). E a própria mulher, Sancha Pança, na companhia da filha, ambas esfarrapadas, desgrenhadas e sujas, também se mostram movidas pelo sonho de uma ascensão súbita e deslumbrante. Contudo, a severidade das prescrições dietéticas do médico da "ilha", solícito nos cuidados profilácticos e na conservação da saúde do "governador", já terá enfadado Sancho, por incompatível com o seu apetite. E, cansado das tarefas de governo, embora as tenha exercido com tino e prudência, porque a destrinça entre o bem e o mal se achava gravada no seu coração, Sancho acabou por renunciar ao cargo, reflectindo, já desiludido, que "cada um para o que nasceu" ("Quixote", 2.ª Parte, Cap. LIII). Mesmo assim, cansado dos encargos do governo da sua "ilha" e dele retirado, ainda Sancho quereria voltar a mandar e a ser obedecido, "porque essa é a má ventura que traz consigo o mando" ("Quixote", 2.ª Parte, Cap. LXIII). Filiou-se a loucura do "fidalgo da Mancha" nos excessos das suas leituras. De harmonia com o dito português "leu e tresleu". Mas também a ambição descontrolada dos iletrados terá igual efeito, assim se explicando a loucura de Sancho Pança, talvez menos simpática do que a de Dom Quixote, porque impelida apenas pela expectativa de benefícios pessoais e não pelo ideal aristocrático de servir a justiça e a verdade, em prol do comum.

A loucura do "Cavaleiro da Triste Figura", ou "Cavaleiro dos Leões", caracteriza-se pela permanente subordinação a paradigmas de beleza, de verdade e de justiça, numa visão axiológica unitária, que não separa o bem do justo, nem do belo. Com os pés mergulhados no lodo pastoso das realidades inseparáveis da "cidade dos homens", mas sem se aperceber dessas realidades, o "fidalgo da Mancha" elevou a camponesa Aldonça e a criada de estalagem Maritornes, e muitas, muitas outras, a fastígios principescos e virginais, de beleza e de virtudes, uma e outras inseparáveis. E foi em homenagem ao seu amor cortês que enfrentou os moínhos de vento, os rebanhos, os odres de vinho, e, já num aproximativo vislumbrar das realidades, enfrentou os leões. É aí que o "Cavaleiro da Triste Figura" se transforma no "Cavaleiro dos Leões". Há muita temeridade na abertura da jaula das feras, mas já sai do puramente burlesco, ainda que sem abandono da insanidade.

9. O sentido social da mensagem cervantina

a) *A nostalgia dos tempos de propriedade comum*

A ideia de fraternidade cristã, impondo, por si mesma, pelo menos, um tratamento igual na dignidade da condição humana, acha-se presente em toda a obra cervantina. E, numa passagem do "Quixote", logo ao começo do romance, depara-se com reflexos de um alastramento dessa igualdade na condição humana para uma igualdade de situações económicas. Refiro-me à nostalgia de uma mitológica era de inteira suficiência de bens para satisfação das necessidades dos homens.

Entendendo que a cavalaria andante, tal como o amor, todas as coisas iguala, Dom Quixote fez sentar Sancho Pança junto de si e quís que comesse do seu prato e bebesse de onde bebia. Embora sem deixar de referir que ele era o amo e natural senhor de Sancho. Depois de ter satisfeito o apetite, Dom Quixote evocou aquela feliz idade e aqueles séculos felizes aos quais os antigos chamaram dourados, não porque neles abundasse o ouro, mas porque então se ignoravam as palavras *teu* e *meu*, pois eram muitas as coisas comuns e cada um alcançava o seu sustento quotidiano sem outro trabalho que não fôsse o de colher os doces frutos pendentes. Tudo era paz, tudo era amizade, tudo concórdia, naquele tempo em que nem o arado abria as entranhas da terra ("Quixote", Parte 1.ª, Cap. XI).

Talvez por muito menos alguns autores têm sido qualificados como socialistas. E, possivelmente, será esse o caso de Thomas Morus, cuja obra não permitirá tal qualificativo.

Há uma visão semelhante dos tempos primitivos em Rousseau, que, no entanto, também não permitirá apor-lhe o labéu socializante. E, por detrás destas concepções, reconhece-se ou a nostalgia do Paraíso perdido, do qual o homem foi expulso, ficando também privado da contemplação da beleza integral, que, no entendimento platónico, se esforçaria por vislumbrar; ou as reminiscências de estruturas tribais em que a propriedade, administrada pelo chefe, ou pelos anciãos, seria realmente comum, não havendo *meu* nem *teu*. E em que, vivendo-se de frutos espontâneos e da pastorícia, a terra não seria lavrada e os labores não seriam pesados.

b) *Os pressupostos aristocráticos de Cervantes*

Mas a evocação quixotesca da era de ouro não poderá interpretar-se como inconformismo em relação à sociedade organizada e hierarquizada, na sua condenação de ganhar o pão quotidiano com o suor do rosto e abrindo sulcos na terra, dolorosos para os braços dos homens.

Cervantes conformou-se, não obstante a sua sensibilidade poética, com exigências fundamentais da sociedade em que nasceu e viveu. Aceitou as suas estruturas, a sua hierarquização e o princípio aristocrático que a norteava. Dom Quixote sentia-se irmão de Sancho; e como tal o tratava quase sempre, mas sem deixar de afirmar-se seu natural senhor. Não pela força de regras arbitrárias, mas antes pela natureza das coisas e dos homens.

O princípio aristocrático de servir, mesmo sacrificadamente, em prol do comum, acha-se presente, em termos continuados, através da vida e da obra de Cervantes. Como soldado, como literato, procurou sempre servir, cumprir, visando metas que necessariamente transcendiam o plano das satisfações pessoais. Sem, contudo, levarem a excluir essas mesmas satisfações. Até pela necessidade humana de viver. O aristocrata não tem de manter-se alheado de interesses individuais. Donde o dito português segundo o qual "fidalguia sem comedoria é gaita que não assobia". Apenas será exigível ao aristocrata que não sobreponha os seus interesses aos alheios e aos comuns, em atropelos à verdade e à justiça. Mais uma vez citarei, a propósito, o juízo lapidar dos procuradores dos povos reunidos em Évora, no ano de 1481. Consta dos respectivos artigos que terão dito ao Rei: "Senhor, cá nós não queremos tomem assento em Cortes homens que não saibam que coisa é honra nem quando deve a honra preceder o proveito". Reconheciam os procuradores, no seu bom-senso, que proveitos próprios todos haviam de pretender, mas importaria que soubessem quando eles hão-de ceder em razão dos imperativos da honra. Afinal, o que queriam os procuradores reunidos em

Évora era que, em Cortes, só houvesse assento para quem compreendesse e respeitasse o sentido aristocrático da vida.E essa exigência também a entendeu Cervantes, conforme resulta dos conselhos que Dom Quixote deu a Sancho Pança para que bem exercesse as funções de governador da sua "ilha" ("Quixote", 2.ª Parte, Cap. XLII).

c) *As bases democráticas da obra cervantina*

Dom Quixote, entendendo que Sancho Pança, orgulhoso da sua condição de cristão-velho mas boçal e analfabeto, pudesse ser armado cavaleiro, elevado ao governo de terras e até a condados, estabelece a necessária ligação entre os pressupostos aristocráticos e a base democrática em que assentou toda a obra cervantina. Os que blasonam de democráticos sem saberem o que seja, na realidade, a democracia, hão-de ter dificuldade em aceitar essa ligação. Mas a gente daquele tempo não a tinha. Estavam bem habituados a que muitos de baixo nascimento ascendessem a altas dignidades, pelos méritos revelados no manejo das armas ou no culto das letras e das artes, aliados à fidelidade ao bem comum. Alguns desses se tinham instalado nos conselhos dos príncipes, outros tinham atingido mesmo a grandeza dos reinos. O empolamento de Sancho, acarinhado pelo amo, apenas se lhes afiguraria um exagero, uma caricatura, mas não um puro falseamento das realidades.

Os criados que acompanhavam os seus «senhoritos» nas universidades de Alcalá e de Salamanca, conhecidos por «vademecum», por acompanharem constantemente os amos, quando bem dotados, pela capacidade de percepção e pela persistência no trabalho, muitas vezes tomavam graus em artes, em medicina e em jurisprudência, tratando depois de remediar a sua pobreza seguindo para as Américas, em cata de proveitos e honras que lhes permitissem regressar às aldeias de origem e aí instalar-se em casonas de pedra, com as armas, de dimensões avultadas, esculpidas nas frontarias. Os soldados, embora sem levarem nas mochilas os bastões de marechais, como, mais tarde, os de Napoleão, também alcançavam patentes de relevo e benefícios largos, em função dos méritos reconhecidos.

Um exemplo desses, pelo menos, é dado por Cervantes no seu "Licenciado Vidriera". O heroi da novela, Tomás Rodajo, filho de rústicos, abandonado, foi recolhido, por caridade, por dois jovens cavalheiros que iam frequentar cursos em Salamanca e para lá o levaram como seu criado. O servidor daquela universidade saíu licenciado em Leis; os amos supõe-se que não.

Mas o sentido democrático da vida, bem patente em Cervantes, não reside apenas na faculdade de ascensão, pelos feitos de armas ou pelos talentos nas artes e nas letras. Aquele sentido democrático estende-se a todos. E é bem revelado pelas características do "mundo cervantino", onde duques, barbeiros, fidalgos pobres, presbíteros, frades, boticários, estalajadeiros, letrados, arrieiros, traficantes, criados, camponeses, às vezes com meretrizes e alcoviteiras à mistura, convivem entre eles todos, falam com liberdade, sem constrangimentos de maior, opinam com abertura.

O "mundo cervantino" corresponde, realmente, a uma sociedade democrática, no melhor sentido. Porque não tenta estabelecer igualdades fictícias e demolidoras ao nível da mediocridade, sempre fácil de alcançar, antes procurando que todos possam elevar-se pelo esforço próprio, na medida dos seus talentos e capacidades. Pelas artes ou pelas armas, conforme Cervantes sempre insiste.

E esta sociedade essencialmente democrática, além de sentida, sobretudo, pelas pequenas comunidades, não era puramente utópica, mesmo ao nível das grandes cidades e da Corte. Carlos V e Filipe II não deixaram de tentar descobrir homens de mérito, sem cuidar da origem, para os elevarem ao serviço da Coroa e, afinal, da nação, ou das nações, nos casos de Estados pluri-nacionais. Às vezes enganaram-se, como é próprio dos humanos.

d) *As aristocracias e as falsas aristocracias no "século de ouro"*

Mas os pressupostos aristocráticos de Cervantes não lhe vedaram a rigorosa destrinça entre as aristocracias e as falsas aristocracias, tão bem definidas por Ortega y Gasset, no início do século XX[5].

Mesmo na pujança literária da vida espanhola dos séculos XVI e XVII, mesmo no fragor heroico

---

[5] Afirmando-se republicano, pelo desencanto do ocaso da Monarquia dita liberal e das suas "falsas aristocracias", Ortega y Gasset não apenas defendeu uma interpretação aristocrática da História como sustentou que a História, por essência, por definição, é aristocrática.

das lanças cravadas na Flandres, na Borgonha, no Milanês, no Mediterrâneo e no Novo Mundo, as falsas aristocracias já faziam sentir o seu peso nefasto. E, por vezes, apagaram até o brilho das autênticas.

Por isso, Cervantes tratou de zurzir decididamente essas falsas aristocracias, alimentadas de vaidades balofas, luxos e atavios, que afrontavam a sobriedade da nobreza das aldeias, ocupada no grangeio dos seus campos, depois de penduradas as espadas nos armários e acamadas as fardas velhas nas arcas de coiro.

As rotas ultramarinas tinham enriquecido muitos, quando a Espanha quase detinha o monopólio do ouro e da prata, mais beneficiando patrimónios privados do que a fazenda real e comum. Os empreendimentos imperiais, as lutas contra o Islão e contra os heréticos, esgotavam os cofres públicos e impunham o apelo a argentários de todas as raças, vindos, muitas vezes, de terras onde a sordidez materialista já se substituíra à coexistência cristã. Financeiros e comerciantes de grosso trato, não se contentando com os lucros e juros auferidos, reclamaram também títulos e comendas, já desligadas das agruras e dos encargos militares, pela formação dos exércitos permanentes.

Tinham nascido, ou renascido, as falsas aristocracias, que haviam de aborrecer o alto espírito de um homem como Miguel Cervantes. Não as poupou, embora com a relativa suavidade a que se prestam as sátiras. E usando para isso dos seus personagens, alguns deles supostamente tocados de insanidade.

Assim, para Cervantes, a ideia de nobreza acha-se sempre em oposição à de vileza. Por isso, os homens vis, reles, que queriam parecer cavaleiros, não seriam nobres, nem aristocratas ("Quixote", 2.ª Parte, Cap. VI). Mas também haveria cavaleiros que faziam figura de homens reles, vis, rebaixados pela fraqueza e pelos vícios (Ibidem). E o "grande", sendo vicioso, ficaria apenas "um grande vicioso" (Ibidem). Portanto, pelos vícios, pela fraqueza, até os pertencentes, por nascimento, à grandeza do Reino perderiam a sua grandeza, a sua qualidade de aristocratas. Porque, de harmonia com os conselhos de Dom Quixote a Sancho Pança, "o sangue herda-se mas a virtude adquire-se; e a virtude vale por si o que o sangue não consegue valer" ("Quixote", 2.ª Parte, Cap. XLII).

e) *As presunções de nobreza e de vileza nas aristocracias abertas das "repúblicas cristãs"*

A construção social de Cervantes aceita, manifestamente, as presunções de nobreza estabelecidas em favor dos fidalgos, ou seja, dos filhos de gente nobre. Mas não poderia admitir-se que essas presunções fôssem "iuris et de iure", mas "iuris tantum", e, portanto, elidíveis por prova em contrário. Em relação aos nobres pelo nascimento, seria possível, e desejável, elidir essas presunções de nobreza em consequência de procedimentos com a nobreza incompatíveis, por serem ignóbeis. De outro modo, os cavaleiros que, tendo nascido nobres, da nobreza tivessem decaído, pelas fraquezas e pelos vícios, conservariam sempre, indefinidamente, a sua condição originária. E seriam novas fontes de falsas aristocracias, ofensivas da justiça e ameaçadoras da boa ordem social.

Em contrapartida, aqueles que se pressupunham vis, pelo nascimento humilde, também, pelos seus feitos e merecimentos, poderiam ser reconhecidos como nobres. Sempre se entendeu assim nas "repúblicas cristãs", onde a nobreza nunca correspondeu a castas impenetráveis. Daí a destrinça tradicional entre nobreza originária e nobreza adquirida, aquisição essa que, geralmente, assentava nas funções exercidas, na milícia, nas judicaturas, na ciência, nas letras e nas artes. E, em tal ponto, conforme, aliás, em muitos outros, Cervantes não foi inovador. Mas não se furtou a defender esta construção de aristocracias abertas como sendo a que melhor se ajusta às exigências das comunidades cristãs, e, admissivelmente, às de todas as sociedades humanas.

Terá de reconhecer-se que nem sempre se torna fácil elidir presunções, pelo que a presunção de nobreza sempre constituíu uma vantagem de muito relevo para quantos dela beneficiaram. Contudo, a possibilidade de elidir tal presunção quase sempre permitiu excluir, ou preterir, elementos de comportamento ostensivamente menos satisfatório. Mesmo as monarquias do século XIX, mantendo a separação entre os títulos "de juro e herdade" e os concedidos por uma ou duas vidas, que poderiam, ou não, ser renovados, aceitaram a ideia, vinda de trás, de que as virtudes e qualidades nem sempre se transmitem por herança.

Em termos simples, populares, acessíveis, Cervantes reflectiu apenas o entendimento dos grandes tratadistas da sua época, como de épocas anteriores, quanto a uma organização social de aristocracia aberta e de base democrática, pela faculdade de acesso aos escalões elevados da hierarquia das "repúblicas cristãs". É certo que Cervantes sempre manifestou desprezo pela vilania, chegando a dizer, pela boca de Dom Quixote, que "fazer bem a vilões é lançar água ao mar" ("Quixote", 1.ª Parte, Cap. XXIII). Mas para Cervantes a vilania não é uma fatalidade inelutável. Há vilões pelo nascimento que da vilania se elevam pelas qualidades e virtudes. Como há nobres de origem precipitados na vilania pela força dos próprios vícios e debilidades.

10. **A fidelidade de Cervantes ao entendimento cristão da vida**

a) *A base cristã do "século de ouro" e do "mundo cervantino"*

Toda a construção social cervantina, que não foi exposta em termos didácticos, ou enciclopédicos, mas a propósito das situações correntes da vida, deriva da base cristã, aceite pelo "século de ouro" da Espanha e indiscutível para os espanhois de então e para o "mundo cervantino", não tocado por influências estranhas à formação hispânica. É essa base cristã que situa Sancho Pança, boçal e analfabeto, mas não destituído de bom-senso e de directrizes morais, que lhe permitiram ser tido por um novo Salomão quando administrou justiça na sua "ilha", numa mesma comunidade fraterna de que fazem parte o seu amo, os duques da segunda parte do "Quixote" e todos os elementos do "mundo cervantino". Sem excluir a pobre Maritornes, agarrada às contas do seu rosário, na esperança de que lhe fôssem perdoadas as faltas.

b) *As ameaças pagãs e materialistas do século XVI*

Mas Cervantes, bem assente naquela comunidade fraterna, tinha ampla consciência dos perigos que a ameaçavam. Uns vindos do espritualismo islâmico, de moral rígida mas extraído de concepções diversas de estar e viver; outros das dissensões que abalavam fortemente a "Respublica Christiana" e que Carlos V fora impotente para remediar. Cervantes, até pela experiência pessoal, conhecia bem tais ameaças, que não são esquecidas, embora discretamente lembradas, através de alguns dos seus contos. E desta consciência mesma lhe viria o desejo veemente de contribuir para a defesa da Cristandade ameaçada. Também pela pena, como o fizera, em Lepanto, pelo derramamento do seu sangue.

c) *A influência dos Jesuítas e do contra-reformismo em Cervantes*

A própria Igreja se achava fortemente abalada pelo ambiente generalizado e dissolvente, que não poupara muitos prelados romanos. Embora os vícios que afectavam o corpo eclesiástico tivessem servido apenas de pretexto a Lutero, aos príncipes alemães que o apoiaram e aos anglicanos, a Igreja reconhecera, em Trento, talvez com excesso de humildade, a saliência das suas falhas. Mas o movimento contra-reformista, sobretudo pela acção e pelo estudo aturado da Companhia de Jesus, procurava restabelecer verdades fundamentais esquecidas, ou desleixadas. Cervantes, que terá frequentado o colégio dos Jesuítas de Sevilha, ou de Córdova, mostrou-se sempre fiel aos seus ensinamentos. E traduz, em muitas passagens dos seus escritos, com naturalidade e simplicidade, esses mesmos ensinamentos.

d) *O anti-maquiavelismo e o anti-iluminismo em Cervantes*

A qualificação de Cervantes como anti-maquiavelista não dará lugar a dúvidas de maior. Tudo é claro na sua doutrinação discreta. E seria inadmissível entender que, para ele, os fins alguma vez justificassem os meios, ou instrumentalidades desligadas de considerações éticas, Não deverá excluir-se que Cervantes se sentisse atraído pela beleza literária e pelo recorte dramático de "La Mandragala", obra-prima de Nicolau Maquiavel e da Renascença, que Cervantes, possivelmente, terá conhecido nas suas andanças pela Itália. Ou que tenha lido com agrado "Dell'Arte della Guerra", do mesmo autor. Mas, mesmo recordando o engenho enganoso exigível aos chefes militares, que terá querido ser, a Cervantes haviam de repugnar os conselhos contidos no "Il Principe" para conquista e conservação do poder. E havia de confrontar a construção maquiavélica com as de alguns pensadores espanhóis seus contemporâneos, como os jesuítas Luís de Molina e Francisco Suárez, "doctor eximius", ambos professores em universidades portuguesas, ou Juan de Mariana, que teriam a sua preferência. E, situando-se, fundamentalmente, num plano pragmatista, sempre do seu agrado, Cervantes, que não foi filósofo, nem teólogo, havia de sentir-se impressionado pelas concepções do seu contemporâneo Pedro Fernández Navarrete, secretário do Rei, também dominado por preocupações pragmáticas, que, possivelmente, Cervantes terá conhecido, mas sem acesso à sua anti-maquiavélica "Conservación de Monarquias", que só foi escrita em 1619 e publicada em 1625.

Tarefa mais difícil será a de sustentar a qualificação de Cervantes como anti-iluminista. Mas não importará muito, em tal matéria, nem a cronologia nem o convencionalismo na delimitação temporal do Iluminismo. Porquanto o "Aufklarung" germânico, depois importado pelo filosofismo francês, corresponde a um estado de espírito mais ou menos intemporal e, mesmo circunscrito na extensão, tem raízes em correntes de pensamento contemporâneas de Cervantes. Afinal, são iluministas todos quantos confiaram mais no esclarecimento da sua própria razão do que na ciência paulatinamente formada pelos estudiosos de todos os tempos, revista, acrescentada e coada por experiências e esforços milenários. Ora tal estado de espírito não se harmoniza, nem de perto nem de longe, com a personalidade e com a obra de Cervantes. Nesse sentido se poderá afirmar que ele não foi iluminista, como já o seriam, no seu tempo, todos quantos, rejeitando a autoridade dos concílios e do magistério eclesiástico, pretenderam que os Evangelhos fôssem interpretados à luz da razão individual de cada um. Também o anti-historicismo radical, atribuído ao Iluminismo, é de todos os tempos. Sempre alguns entenderam também, muito antes de Voltaire, no seu "Traité sur la Tolérance", de 1763, que importa olhar para os tempos passados como se eles não tivessem existido, interessando sempre e apenas partir do ponto em que nos encontramos e ao qual as nações chegaram. O dito "humanismo renascentista", da época de Cervantes, já se situa nos primórdios do Iluminismo.

É bem diversa a posição cervantina, que não deixa margem a dúvidas quanto à autoridade da Igreja de Roma, quanto à visão da História, mestra da vida, e quanto à insuficiência da razão individual para atingir, por si só, as verdades eternas. Por isso, não deixará de oferecer relevo, para caracterizar o pensamento de Cervantes, qualificá-lo como anti-iluminista. Tanto mais que, para ele, a percepção da verdade, do bem e da justiça não constitui exclusivo dos sábios, dos cultos, dos iluminados, pois se acha ao alcance de todos os homens, que dispõem dos respectivos critérios de definição, por estarem gravados nas suas mentes ou nos seus corações. Seria o caso do pobre Sancho Pança, no seu analfabetismo e na sua rusticidade.

e) *A subordinaçaão à ordem moral em toda a obra cervantina*

Já foram referidos diversos passos da obra cervantina que revelam a preocupação de não infringir a ordem moral. E nem se diga, como já se tem feito, que se trata de manifestações da hipocrisia de Cervantes, que recearia o peso das reacções inquisitoriais. Porquanto, na mesma época e em Espanha, outros autores não recearam tocar as raias da licenciosidade. Os tribunais do Santo Oficio ocuparam-se, sobretudo, dos atropelos que pudessem atingir os dogmas, das influências luteranas e anglicanas, das feitiçarias e dos crimes sexuais contra a natureza, aliás sempre severamente punidos nos reinos peninsulares, muito antes de neles ter sido introduzida a Inquisição. As novelas de pequeno erotismo costumavam escapar aos crivos inquisitoriais. Ora Cervantes, na sua obra, nem o pequeno erotismo de modo algum cultivou.

Na sua vida não terá Miguel Cervantes escapado às debilidades e às tentações que sempre hão-de afligir os homens da sua sensibilidade. Mas foi um pecador que não negou a natureza pecaminosa dos actos praticados. E os próprios pecados foram por ele reconhecidos de acordo com a ordodoxia das suas convicções.

11. **A fidelidade de Cervantes aos paradigmas hispânicos**

a) *O heroismo hispânico e os "cantares de gesta"*

Cervantes foi um espanhol do seu tempo – cristão e fiel aos ideais do heroísmo hispânico, forjado em Covadonga. Louvou esse heroísmo repetidamente, constantemente. Sem reservas nem limitações. Os seus modelos de conduta foram desde os do Cid Campeador aos do "grande capitão" Gonçalo de Córdova. Os "cantares de gesta", que, embora recebidos de França, ganharam em Espanha sentido e estilo próprios, com o "Cantar del mio Cid" e outros, foram-lhe familiares; e despertaram a sua atracção, bem patente em muitas peças da sua poesia e das suas prosas poéticas. O patriotismo, a fidelidade a uma Espanha una e heróica, atingem os mais elevados níveis nalgumas das comédias cervantinas. Sobretudo em "Numância", no pressuposto de uma individualidade nacional anterior à romanização; e em "La Casa de los Celos y las Selvas de Ardenía", sobretudo através do monólogo da figura representativa de Castela. Por vezes, poderá formar-se a dúvida quanto a saber se a fidelidade nacional cervantina respeitará a uma unidade hispânica ou a um padrão castelhano. Mas parece, afinal, ser o hispanismo que domina todo o ideal de Cervantes.

b) *A sátira às novelas de cavalaria enquanto alheias à sobriedade hispânica*

E nem se estranhe que, não obstante, Cervantes tenha satirizado as novelas de cavalaria. Pelo seu amor à verdade, que leva Dom Quixote a sustentar que os historiadores mentirosos deveriam ser queimados, como se fazia aos que cunhavam moeda falsa ("Quixote", 2.ª Parte, Cap. III).

Havia nas novelas de cavalaria, sobretudo posteriores à "Chanson de Roland", exageros manifestos que repugnaram à relativa sobriedade do heroísmo hispânico. E, por isso, desde cedo se pretendeu apartar das fábulas da "Tavola Redonda", do rei Artur e do mago Merlim, das aventuras de Lançarote e de Perceval, em demanda do "Santo Graal", as gestas castelhanas que eram, ou pretendiam ser, respeitadoras da verdade histórica.

Neste ponto, Cervantes situou-se na linha de continuidade de anteriores reacções. A crítica aos livros de cavalaria encontra-se no "Orlando Furioso", de Ariosto, publicado em 1516, assim como no "Pantagruel" de Rabelais, que é de 1532 E, entre os espanhois, já o heterodoxo Juan de Valdés, falecido na Itália, em 1541, no seu "Diálogo de la Léngua", concluíu no sentido de que, com excepção do "Amadis de Gaula" e poucos mais, os livros de cavalaria "são mal compostos, com mentiras vergonhosas e de estilo desconchavado".

c) *Do "Cavaleiro da Triste Figura" ao "Cavaleiro dos Leões" e às páginas de "Pérsiles y Sigismunda"*

Cervantes tratou de limar, de suavizar, a sua sátira às novelas de cavalaria, com receio de ter sido mal interpretado. E, assim, na 2.ª Parte do romance, Dom Quixote é poupado de cenas que poderiam parecer demasiado grotescas. O "Cavaleiro da Triste Figura", o dos moínhos de vento, dá lugar ao "Cavaleiro dos Leões", na continuidade das suas imprudências, do seu alheamento das realidades e dos seus perigos, mas de dignidade e coragem quando, aberta a jaula das feras, enviadas pelo governador de Orão de oferta ao Rei, aguarda a investida leonina em inteira impassibilidade, sem recuo nem temores.

E assiste-se como que a uma reconciliação com as novelas de cavalaria através das páginas magníficas de "Los Trabajos de Pérsiles y Sigismunda", obra destinada a ser, segundo o autor, o melhor ou o pior dos romances escritos em língua castelhana. Cervantes não quís deixar dúvidas quanto ao seu respeito pelo fundo moral e poético das novelas de cavalaria. Embora repudiando os seus exageros, as suas mentiras, as suas inverosimilhanças.

d) *O ajustamento ao complexo axiológico e a interpretação hispânica*

Em Cervantes é perfeitamente harmonioso o ajustamento ao complexo dos padrões axiológicos, em conformidade com a interpretação hispânica. Esse ajustamento é comum ao ideal dos "redresseurs de torts", cujas armas, ao serviço de Deus, da verdade, do bem e da justiça, só hão-de ter repouso aos pés da mulher amada, cúmulo de perfeições de ordem ética e de ordem estética, num inteiro reflexo da beleza eterna perdida e sempre procurada ansiosamente. Porque o ideal da cavalaria não pode conceber compartimentações valorativas. As vivências axiológicas hão-de impor uma harmonia global. Aliás, semelhante juízo não resultará somente de uma concepção ideal da vida. Também da experiência histórica, da experiência evolutiva dos povos. Porque não há justiça desligada da bondade, como não há justiça de traços disformes. Por isso, notam-se estranhas correlações entre o abandono dos padrões de ordem estética e o declínio moral das sociedades. Assim como não há realização da justiça quando as normas morais andam esquecidas ou são enjeitadas. A mesma justiça é substituída por critérios de oportunidade, ditados pelos momentaneamente mais fortes. A desordem estética acarreta a desordem moral e acaba por imobilizar a justiça. Ou será o declínio moral que implica a insensibilidade em relação à anarquia das artes. Já Aristóteles se apercebeu da questão, da qual se conclui, forçosamente, no sentido da incindibilidade dos padrões axiológicos. Por isso, os "redresseurs de torts" aliavam à prossecução da justiça e do bem a sede insaciável de perfeição estética. Porque o belo, o bom e o justo constituem uma unidade incindível Esta incindibilidade é comum a todas as expressões do ideal de cavalaria. Mas talvez a visão hispânica desse ideal seja, ao mesmo tempo, mais exigente e mais maleável. Há laivos da maior dureza na visão hispânica, na reminiscência das asperezas da reconquista asturiana. Ma há também nela uma indulgência em relação às fraquezas humanas que recorda os ensinamentos de São Tomás quando, na sua "Summa Theologica", afirma a imperatividade de debelar os vícios que inquinam as sociedades mas "paulatim", sem precipitações que poderiam errar pela iniquidade. Por esta mesma via de condescendência, de tolerância, para as condutas, que não para os princípios eivados de erros e falsidades, se encaminhou Cervantes. E, assim, nos conselhos a Sancho, preparando-o para as funções de comando prometidas, Dom Quixote o exorta a ser, ao mesmo tempo, grave e brando. E a que, se alguma vez dobrasse a vara da justiça, não o fizesse pela força das dádivas mas pelo peso da misericórdia

("Quixote", 2.ª Parte, Cap. XLII). A gravidade, a dignidade formal, no exercício do cargo, deveria ser complementada por uma branda suavidade, guiada pela prudência. De tal modo que as lágrimas dos pobres o levassem à compaixão mas não a mais justiça do que as alegações dos ricos. E que poupasse o rigor da lei ao delinquente quando cumprisse usar de equidade. Através destes conselhos se vislumbra a tolerância hispânica e o "paulatim" aquiniano.

Dificilmente se encontrará quem como Cervantes tenha entendido, e sentido, a psicologia e o comportamento da gente de Espanha, talvez proveniente ainda dos rochedos asturianos. Na sua humildade e na sua resignação, no seu orgulho e na sua impetuosidade.

Para Ortega y Gasset, o homem espanhol não põe originariamente quaisquer condições à vida, que vê como ausência de tudo, sem que isso, no entanto, lhe cause angústia, desânimo ou pavor. Nem teria necessidade de nada para viver, nem sequer necessitaria de viver. Impõem-se necessariamente limitações ao sincretismo desta visão, inspirada nas renúncias de São Francisco de Assis, que necessitava de pouco e mesmo desse pouco pouco necessitava. Até porque o nível de ascese da santidade não será exigível ao comum dos homens. Mas esse fundo de sobriedade é, realmente, o do "mundo cervantino", acrescido por facetas múltiplas, que, sem o rejeitarem, o situam no plano complexo das realidades hispânicas. A sobriedade do homem espanhol, não excluindo excessos de expressão e de atitudes, havia de comunicar particularismos próprios a todos os meandros da vida. E isso ressalta das páginas magistrais inseridas na obra cervantina. Nem deverá confundir-se, irremediavelmente, a sobriedade com a pobreza. É de extrema sobriedade a tradicional arquitectura civil peninsular, em contraste com a religiosa; há acentuada sobriedade nas "casonas" senhoriais.

e) *A inconsistência da ligação de Cervantes a uma suposta decadência espanhola*

α *O ocaso de Carlos V*

Algumas perplexidades suscitou o retiro de Carlos V para Yuste e a separação da Coroa espanhola do Império, que não importará analisar agora. Mas sublinhar-se-á que o Império nunca fora pertença da Espanha e que da separação estabelecida ainda resultaram para Filipe II acréscimos de ricos e vastos senhorios que não provinham da comunidade espanhola. Não se deverá, pois, extrair do ocaso de Carlos V conclusões relativamente a qualquer decadência da Espanha.

β *A "Armada Invencível"*

Também o episódio da "Armada Invencível", ou antes, da "Grande Armada", que Cervantes acompanhou, de perto, naquele ano de 1587, instalado em Sevilha, como provisor das galés, não deve ser interpretado como causa, ao menos directa e imediata, de uma decadência espanhola.

A "Armada Invencível", ou "Grande Armada", preparada, sobretudo, em Lisboa, no estuário do Tejo, nela participando dez poderosas naus portuguesas que, após a campanha, regressaram, na sua grande maioria, sem beliscaduras de maior, à base de partida, foi mais falada pelas expectativas em torno dela tecidas do que pelos seus reais efeitos. Tratava-se de invadir a Inglaterra anglicana, não em som de conquista, mas em apoio dos católicos perseguidos, e de fazê-la reingressar na "Respublica Christiana". E tal objectivo foi gorado. Não tanto pelo fogo inimigo, não tanto pela tempestade, nem ainda pela inabilidade que foi assacada ao general espanhol. Faltou, sobretudo, a cooperação dos irlandeses, com cuja revolta Filipe II contava, fundamentalmente. Conforme aconteceria, muito mais tarde, com Napoleão e, já no século XX, a partir de 1914, com as esperanças dos políticos de Berlim. A "Armada Invencível", ou "Grande Armada" foi, afinal, vencida pela sagacidade, pela rapidez, pela eficiência, da espionagem anglicana. Porque os chefes da revolta irlandesa foram enforcados antes de poderem prestar qualquer apoio à frota e ao exército de desembarque de Medina Sidónia. Mas importará agora sublinhar que não foram os efeitos da retirada e da perda de algumas naus esmagadores para o potencial filipino. E tanto assim que, entre 1588 e 1605, o tráfego marítimo espanhol através do Atlântico manteve-se em crescimento acentuado, o que prova cabalmente que a frota britânica não ganhara ainda o domínio dos mares com o episódio da "Armada Invencível", ou "Grande Armada". Notei sempre algum pessimismo derrotista, talvez com laivos de masoquismo, nos relatos espanhois respeitantes à "Armada Invencível". Até pelo uso desta designação, compreensivelmente adoptada pelos ingleses, em tom depreciativo. Derrotistas, sem razão bastante, me pareceram, sobretudo, alguns dos relatos espanhois do século XIX, frequentemente empenhados em denegrir as glórias nacionais e empolar os desastres. Foi às fontes dos autores britânicos que recorri para concluir no sentido de que o episódio não teve efeitos decisivos no processo da decadência espanhola[6], só muito mais tarde acentuado, já através dos tratados de Westefália, mas, sobretudo, pelo retalhar da Espanha em Utreque, no epílogo da Guerra da Sucessão.

γ *A morte de Cervantes em plena grandeza da Espanha*

Assim, não se me afigura que Cervantes tenha sentido a decadência espanhola. Pelo contrário. Ainda morreu na saudade de Lepanto. Mas não num saudosismo nostálgico e entristecido. Para ele Lepanto tinha o relevo de uma vivência prolongada no tempo e em termos indefinidos.

---

[6] Por todos, ver Garrett Mattingly, *The Defeat of the Spanish Armada*, Londres, 1959, esp. p. 333. Ver tb. J. A. Froude, *The Spanish Story of the Armada*, Londres, 1909, pp. 1-102 e David Howard, *La Armada Invencible*, trad. esp., Barcelona, 1982.

Não duvido que Cervantes tivesse consciência dos perigos que ameaçavam a Espanha e toda a Cristandade. Foi sempre precária a situação do cristãos fixados no Ocidente europeu, tendo por guardas fronteiros, a Sul, portugueses e espanhóis, e, a Leste, os austríacos, à testa de um vasto, mas fragmentário, Santo Império. E disso Cervantes estava ciente. Mas a grandeza da Espanha refulgia no meio das misérias que afligiam a Cristandade. O castelhano tendia a enraizar-se, como língua universal, suplantando o Latim, não a nível erudito mas no trato corrente. Os embaixadores de França em Madrid aprendiam o castelhano para se fazerem entender; e os espanhois não se davam à tarefa de aprender o francês ou qualquer outra língua. Ainda na sua última obra – *Los Trabajos de Pérsiles y Sigismunda* – Cervantes, com algum exagero embora, observou que, em França, nenhum homem nem mulher deixava de aprender o castelhano. O manifesto exagero não deixa de reflectir a realidade do ambiente de prestígio de que a Espanha gozava. Conhecedor deste ambiente geral, Cervantes, no seu leito de morte da Calle del Léon, naquele mês de Abril de 1616, terá deixado a vida em perfeita tranquilidade, de bem com Deus e com os homens, que já tinham reconhecido, rasgadamente, os seus talentos. Na certeza de alcançar uma vida melhor. Não terá pressentido os sintomas, embora já talvez fôssem auscultáveis, de um arrastamento da Espanha para a sua decadência.

12. A intemporalidade e a actualidade de Cervantes

a) *O hispanismo e o universalismo cervantinos*

Cervantes é bem espanhol, como homem, como pensador e como criador de beleza. Não se desnaturalizou através das suas andanças pela Itália e pelas terras mouriscas. Quase me atreveria a dizer, se não receasse sempre os comparativos, que Cervantes é o mais espanhol dos escritores de todos os tempos. Mas, com os pés assentes na terra de origem, sentindo a sua grandeza e as suas misérias, possuindo o sentido ecuménico cristão, também não deixou de elevar-se ao plano global do universalismo. Porque o "mundo cervantino", caldeado de fumos da Renascença italiana e das "surata" corânicas, lhe permitiu tocar, com mestria genial, tudo quanto há na essência dos homens. O "mundo cervantino" não é o "mundo sem sentido" de Garcia Morente. E nem Cervantes pretendeu "dar sentido " a esse "mundo sem sentido". A razão de viver e de morrer, comum a todos os seres humanos, foi Cervantes buscá-la à cultura mediterrânica e à mensagem cristã. Isso o situou no plano universal.

b) *A projecção popular dos grandes doutores na obra de Cervantes*

No "mundo cervantino" encontra-se fielmente projectada, em termos populares, a doutrina erudita dos grandes doutores de todos os tempos. Dos espanhóis, muitos deles contemporâneos de Cervantes, sem esquecer Inácio de Loyola, mas de muitos outros também. Percorrendo os diálogos cervantinos, lá encontramos, constantemente, persistentemente, as reflexões aristotélicas sobre a natureza dos homens e sobre a estruturação das sociedades humanas. Outras vezes, a leitura daqueles diálogos faz acorrer ao espírito passagens de Santo Agostinho, de São Tomás, do sábio, e também santo, doutor da Igreja, Roberto Bellarmino, que bem compreendeu o talento revolto de Galileu, mas não deixou de condená-lo[7]. E nem terá escapado ao fundo analítico de Cervantes a interpretação aristotélica de Averrois, o grande islamita cordovês do século XII. Não se excluirá que a Cervantes tivessem chegado ecos da "Muqqaddimah" de Ibn Khaldun, o árabe tão próximo da Escolástica, e que seria conhecido de alguns mouriscos focados na obra cervantina.

Bem se sabe que a doutrina dos sábios doutores não seria do conhecimento de Sancho Pança, nem dos outros rústicos e semi-cultos com que deparamos nas páginas cervantinas. Mas a verdade acha-se naturalmente inscrita na mente e no coração dos homans, só de lá saindo por processos artificiais de mistificação.

[7] Roberto Bellarmino, jesuíta toscano, que viria a ser elevado ao cardinalato e, nessa qualidade, presidiu ao tribunal que julgou Galileu, ensinou em Lovaina. E foi talvez o mais rigoroso contraditor das teses protestantes, tendo escrito, nesse sentido, entre outras obras, *Disputationes de Controversis Christianae Fidei huius Temporis Haereticos* (3 vols., Ingolstadt, 1586-1589). Canonizado em 1930, foi, no ano seguinte, declarado "doutor da Igreja".As obras de Bellarmino, juntamente com as de Francisco Suárez e de Juan de Mariana, foram queimadas publicamente, em Londres, no começo do século XVII, pela mão do carrasco. Ver tb. António Leite, *Caso de Galileu*, in "Brotéria", vol. 78, 1964, pp. 683-696.

c) *A intemporalidade de Cervantes*

Todos os autores geniais tendem para a intemporalidade. Porque neles os sentimentos que sempre movem os homens, de medo, de amor e de ódio, em complexos de complementariedade, são inerentes à natureza humana. E, consequentemente, são também de todas as épocas. Nem o existencialismo prudente e espiritualista de Kierkegaard, nem o existencialismo característico do século XX, nem, por maioria de razão, o dito "existencialismo cristão", substituiram a essência humana por uma sucessão de vivências sem destino. A intemporalidade tem de assentar no reconhecimento de permanências essenciais, que Cervantes apreendeu magistralmente. E daí deriva a sua intemporalidade.

d) *A actualidade do "Quixote" e das "Novelas Exemplares"*

Cervantes não se limita à intemporalidade, pois também é extremamente actual. A sua actualidade já lhe viria do carácter intemporal; mas há também nos escritos cervantinos elementos e reflexões que se ajustam não apenas à forçosa constância essencial mas também às conjunturas particulares, específicas, dos tempos que correm. Não será fácil fixar a razão desse ajustamento, mas admitir-se-á que ele radique em paralelos a estabelecer entre as ameaças que, no tempo de Cervantes, faziam perigar a Cristandade e toda a cultura mediterrânica e as ameaças que, na actualidade, visam essa mesma Cristandade e essa mesma cultura.

A própria Espanha do "século de ouro" já tinha motivos para temer os contágios de pensadores que tudo pretendiam pôr em discussão. Por bem se saber que onde tudo se discute nada se conserva, conforme foi reconhecido pelo próprio Augusto Comte. Extrai-se tal princípio de uma experiência milenária e na base do conhecimento da natureza humana. E, sendo dele sabedor, Cervantes tem a preocupação de que, ao menos entre cristãos, se mantenha a intangibilidade das verdades tradicionais do seu credo. Nas sociedades actuais, ou, pelo menos, nas ditas ocidentais, sob renovadas ameaças semelhantes às da era de 500, vive-se na angústia, amplificada pelas acções deletérias dos últimos 200 anos, de tudo discutir, de tudo pôr em dúvida e de nada aceitar. Porque a incerteza é sempre angustiante. Daí a actualidade, para além da intemporalidade, do "Quixote" e de alguns dos contos incluídos nas "novelas exemplares". Quanto às outras obras cervantinas, ou pelo estilo ou pelo conteúdo, torna-se mais difícil atribuir-lhes actualidade. Ao menos por não prenderem a atenção da grande massa dos leitores contemporâneos. Aliás é quase exclusivamente através do "Quixote" e dos referidos contos que, presentemente, se conhece Cervantes.

e) *O culto da liberdade em Cervantes e na obra cervantina*

O culto cervantino da liberdade tanto poderá constituir um elemento intemporal como um elemento actual. E esse culto é tão marcante em Cervantes que até o seu acatamento de estruturas sociais prudentemente policiadas, admissivelmente autoritárias e cautelosas em relação a ascensões sociais bruscas e precipitadas, deriva ainda do amor à liberdade. Para Cervantes tudo assenta na graça divina e na liberdade humana. E, porque "é livre o nosso alvedrio" ("Quixote", Parte 1.ª Cap. XXII), todos os males proviriam, exclusivamente, do mau uso dessa sua liberdade pelos homens ("Coloquio de los Perros"), porquanto a liberdade não poderia razoavelmente ser aceite como satisfação ilimitada de apetites.

A liberdade seria, para Cervantes, o bem supremo. Amava-a com o ardor próprio de quem já dela estivera privado injustamente. Por amor da liberdade, própria e alheia, Dom Quixote, embora com imprudência, na sua insanidade, até soltou os presos que seguiam para as galés, os quais não se mostraram muito gratos por isso, tendo chegado a apedrejar o seu libertador, levado a concluir que "fazer bem a vilões é como deitar água ao mar" ("Quixote", 1.ª Parte, Caps. XXII e XXIII). E o mesmo Dom Quixote, falando com Sancho Pança, disse-lhe que "a liberdade é um dos mais preciosos bens que os homens receberam dos céus. Com ela não podem sequer igualar-se todos os tesouros que a terra encerra e que o mar cobre. Pela liberdade, como pela honra, se deve arriscar a vida, pois o cativeiro é o maior mal que pode afligir os homens". E a abundância mesma importaria fôsse gozada com liberdade, no uso de bens próprios, porque os recebidos por benefícios e mercês envolvem obrigações que nunca deixam o ânimo livre. Venturoso, pois, seria só aquele cujo pedaço de pão não tivesse de agradecer senão ao próprio Céu ("Quixote", 2.ª Parte, Cap. LVIII).

A liberdade cervantina não se confina ao âmbito individual. Abrange a liberdade religiosa e a liberdade das nações, no respeito dos seus usos, das suas ideossincrasias. Esse mesmo respeito da liberdade das comunidades combinou-se com a defesa das línguas vernáculas e com a pretensão de que não se usassem as clássicas, ou se usassem menos, porque cada um deveria escrever na sua própria língua. Incluindo os biscaínhos ("Quixote", 2.ª Parte, Cap. XVI).

Nas sociedades contemporâneas, em face da expansão avassaladora do "Leviatão", todos, mais ou menos, sentimos as liberdades ameaçadas e comprometidas. Tanto as liberdades individuais como as das nações, que se tenta destruir em nome de uma uniformização sem fundamento nem sentido. E a leitura de Cervantes também contribuirá para revigorar nos contemporâneos o amor da liberdade que ainda não tenha sido sacrificado nas aras da segurança.

Acontece que, em todos os tempos, conforme as sábias advertências de Aristóteles, que Cervantes teve presentes, o mau entendimento da liberdade, transformada, de meio orientado para a realização e o aperfeiçoamento do homem em via de satisfação de apetites desencontrados e incompatíveis, gera sempre reacções instintivas das sociedades orientadas para a supressão de múltiplas manifestações de liberdades . Porque os povos, quando se sentem fortemente ameaçados, não prezam muito as suas liberdades. É sempre esse o processo etiológico que conduz, invariavelmente, às tiranias, de todos os coloridos, singulares ou plurais. É o fenómeno que Hayek designou por "caminho da servidão", também familiar para os pensadores, já numerosos, que se ocuparam das "democracias totalitárias".

Ora afigura-se-me que a sociedade cervantina, consciente dos riscos de todas as tiranias, já tinha tratado de barrar as respectivas vias de acesso através de uma fórmula que, afinal, resulta intemporal. A defesa da liberdade, ou das liberdades, reais, autênticas, não confundidas com interesses marginais mas, pelo contrário, reconhecidas, e não outorgadas, em subordinação ao bem-comum da sociedade respectiva, implica sempre o uso da autoridade, na precisa medida em que seja necessário exercê-la. A fórmula "liberdade possível e autoridade necessária" já se me tinha deparado antes de reler Cervantes, mas muitas das suas páginas me fizeram recordá-la. E concluí no sentido de que é muito vantajoso reler Cervantes, até no propósito de robustecermos o espírito em face das dificuldades permanentes, essenciais, da vida humana, mas também para melhor meditarmos, quatrocentos anos volvidos, sobre as contingências do viver habitual contemporâneo.

BIBLIOGRAFIA CONSULTADA

Alvar Ezquerra (Alfredo), *Cervantes – Genio y Libertad*, Madrid, 2004

Asensio y Toledo (José Maria), *Documentos Inéditos sobre Cervantes*, Madrid, 1864 *Cervantes y sus Obras*, Barcelona, 1902

Astrana Marín (Luís), *Vida Ejemplar y Heroica de Miguel de Cervantes Saavedra*, 7 vols., Madrid, 1948-1958

Ayala (Francisco), *La Invención del "Quijote"*, in "Don Quijote de la Mancha", ed. Real Academia Española, Madrid, 2005

Bandariz (César), *Cervantes Decodificado*, Madrid, 2005

Bueno (Gustavo), *Don Quijote, espejo de la nación española*, in "España no es un Mito", Madrid, 2005, pp. 241-290

Casalduero (Joaquín), *Sentido y Forma del Quijote*, Madrid, 1949

Castilla del Pino (Carlos), *Cordura y Locura en Cervantes*, Barcelona, 2005

Castro (Américo), *El Pensamiento de Cervantes*, Madrid, 1925

Castro (Frederico de), *Cervantes y la Filosofia Española*, Madrid, 1870

Fernández Álvarez (Manuel), *Cervantes Visto por un Historiador*, Madrid, 2005

Fernández de Navarrete (Martin), *Vida de Miguel de Cervantes Saavedra*, Madrid, 1819

Fernández Nieto, *Introducción a "Dos Comedias y Dos Entremeses"*, Barcelona, 2005

Lacarta (Manuel), *Cervantes, Biografía Razonada*, Madrid, 2005

Madariaga (César de), *Guía del Lector del Quijote*, Madrid, 1926

Mainz (Léon), *Cervantes y su Época*, Jerez de la Frontera, 1901

Martin Gamero (Antonio), *Jurispericia de Cervantes*, Toledo, 1880

Menéndez Pelayo (Marcelino), *Historia de las Ideas Estéticas en España*, ed. Santander, 1947 *Interpretaciones del Quijote*, in "Estudios de Crítica Literaria", I, e "Antologia Comentada", Santander, 2002 *Cultura Literaria de Miguel de Cervantes y Elaboración del "Quijote"*, in "Estudios de Critica Literaria", I, e "Antologia Comentada", Santander, 2002

Morán (Jerónimo), *Vida de Miguel Cervantes Saavedra*, Madrid, 1867

Nabokov (Vladimir), *Curso sobre El Quijote*, Barcelona, 2004

Piernas Hurtado (José), *Ideas y Notícias Economicas del Quijote*, Madrid, 1874

Rey Hazas (Antonio), *Miguel de Cervantes, Literatura y Vida*, Madrid, 2005

Riquer (Martín de), *Cervantes y el "Quijote"*, in "Don Quijote de la Mancha", ed. Real Academia Española, Madrid, 2005

Salcedo Ruíz (Angel), *Estado Social que Refleja el Quijote*, Madrid, 1905

Sliva (Krysztof), *Documentos de Miguel de Cervantes Saavedra*, Pamplona, 1999

Tejada Spínola (Francisco Elías de), *Bases Filosóficas del Pensamiento Político de Miguel de Cervantes*, sep. XIII Congresso Luso-Espanhol para o Progresso das Ciências, Lisboa, 1950

Unamuno (Miguel de), *La Vida de Don Quijote y Sancho*, Madrid, 1905

Valverde (José Maria), *Cervantes*, Barcelona, 1991

Vargas Llosa (Mario), *Una Novela para el Siglo XXI*, in "Don Quijote de la Mancha", ed. Real Academia Española, Madrid, 2005

Vidal (César), *Enciclopedia del Quijote*, Barcelona, 1999 *Diccionario del Quijote*, Barcelona, 2005

Villegas (Baldomero), *Estudio Tropológico sobre El Don Quijote de la Mancha del sin par Cervantes*, Burgos, 1897.